KB043944

2020년 6월 19일 초판 1쇄

글 변혜정
펴낸곳 하다
펴낸이 전미정
책임편집 최효준
디자인 정진영 정윤혜
교정·교열 황진아
출판등록 2009년 12월 3일 제301-2009-230호
주소 서울 중구 퇴계로 182 가락회관 6층
전화 02-2275-5326
팩스 02-2275-5327
이메일 go5326@naver.com
홈페이지 www.npplus.co.kr
ISBN 978-89-97170-60-9 03330

정가 14,000원
ⓒ변혜정, 2020

누구나 다 아는 비밀은 비밀이 아니다

성희롱에 관한 열한 가지 오해와 진실

변혜정 저

HadA

필자는 '동성 간 성희롱 신고 사건 처리 중 또 다른 피해 발생을 막기 위해 긴급하게 대처'하다가 해임된 사람이다. 1, 2차 가해 행위자도 아닌데 그 누군가가 절차를 어기면서까지 속전속결로 기관장 책임을 물었다. 동시에 필자는 1980년 말부터 성희롱·성폭력 관련 연구, 강의, 상담, 방지 운동 등을 해온 이 분야의 전문가(?)라고 불리는 사람이기도 하다.

누구는 해임解任을 굳이 강조하느냐고 걱정하기도 한다. 또 누구는 필자가 무안할까 해임에 대해 차마 묻지도 못한다. 해임된 주제에 무슨 책을 내는지, 왜 아직도 정신을 차리지 못하고 의견을 내는지, 아직도 살아 있는지 반문하는 사람도 있을 수 있다. 그러나 해임이라는 예상치 못한 결과를 겪으면서 그동안 알지 못했던 새로운 세계를 만났다. 비로소 다른 것들이 보인 것이다.

성젠더와 섹슈얼리티 관련 문제에 대해 오랜 기간 상담하고 고민하면서, 또 피해자로서 필자가 경험한 성폭력성희롱 사건의 원인을 찾아내면서, 풀리지 않았던 문제들이 섬광처럼 꿈틀거렸다. 특히 기관장 책임을 물어 '해임'을 당하면서 책임을 진다는 것이 무엇인지 그리고 어떻게 이러한 일이 일어날 수 있었는지가 필자에게 설명되었다.

이 글들은 절치부심切齒腐心의 각오로 밤마다 필자를 진정시키기 위한 치유의 결과이자, 그동안의 수많은 성희롱 관련 질문에 대한 답들이다. 또 피해/피해자의 상황과 구조를 좀 더 맥락적으로 분석하고 각 경험을 새롭게 해석하기 위한 시도이다. 피해자나 가해자, 사람이 누군지가 아니라 성희롱 발생구조, 그리고 '가해/피해'가 무엇인지를 밝혀야 했다.

물론 이 글을 쓰면서도 끊임없이 반문한다. 혹 이제까지 피해자를 위해 열심히 법과 제도를 만드느라 애쓴 여성운동의 역사를 기록한 친구들에게 누가 되는 것은 아닌지, 또 피해자들에게 고통을 주는 것이 아닌지 말이다. 피해자를 의심하는 잘못된 통념에 근거한, 피해자 유발론 등은 단연코 거부한다. 그리고 그럴 리 없겠지만 이 글이 혹시나 피해자의 진실을 왜곡하는 방향으로 인용되지 않기를 진심으로 바란다.

마지막으로 오십 중반이 넘어서야 인간과 권력을 생생하게 배우게 해 준 이 모든 상황에 감사한다. 또 권력이 어떻게 약자를 회유하는지, 약자가 얼마나 무력한지, 그럼에도 어떻게 다시 일어날 수 있는지 그/그녀들의 이야기들을 들으면서 또다시 배웠다. 필자 역시 이렇게 버틸 수 있는 것은, 필자를 믿고 지지해 준 가족과 친구들 그리고 재미있게 생각을 펼칠 수 있게 도와준 책과 영화 때문이다. 특히 하루 아침에 집에 들어앉아 멍 때리는 엄마가 처음으로 엄마 같다고 깔깔거리며 힘을 주는 자식들과 매일 모닝주스를 만들어 준 남편 때문에 웃었다. 또 세상살이를 토론하며 말없이 격려해준 나의 엄마 그리고 황변씨 자매들도 고맙다. 큰 며느리의 많은 것을 당연하게 이해해주고 무조건 믿어주는 시엄마, 그리고 안윤씨들도 큰 힘이 되었다.

뿐만 아니라 바쁜 와중에도 필자의 근황을 묻고 힘내라고 격려해준 강가람, 강남식, 권김현영, 김경희, 김남희, 김두나, 김영미, 김은실, 김정란, 김정희, 김주희, 김혜영, 김효선, 류혜진, 민경자, 박선영, 박수진, 박주홍, 백선희, 백소윤, 변신원, 변재란, 서정애, 송다영, 신경아, 신지영, 오경숙, 오연희, 오유진, 유영선, 윤경용, 윤정숙, 이건정, 이경아, 이남희, 이동옥, 이명선, 이명화, 이성순, 이소민, 이은심, 이혜경, 임순영, 장임다혜, 장철우, 장필화, 정영애, 정유진, 정재원, 정희진, 조경순, 조중신, 조한혜정, 차인순, 최영애, 최지나, 현혜순, 홍지연, 황정임, 낭랑회, 모주회, 펠리건 그리고 이름을 밝히기를 힘들어 하는 모든 이들에게 큰 빚을 졌다. 또 고통과 도전을 인터뷰해 준 용기 있는 그/그녀들 덕분으로 이 글이 마무리되었음을 밝힌다.

무엇보다도 엉켜있는 정신없는 글을 정갈하게 수정해 준 편집팀장님, 과거의 인연을 기억하며 흔쾌하게 출판해주신 전미정 대표님, 그리고 말도 안되는 필자의 상황을 우주의 기운으로 설명해주신 황병덕 박사님 등을 포함하여 출판에 도움을 주신 모든 분들께 고마운 마음을 전한다.

(사회적으로) 고통받는 자들이 함께 살아남기를 바라며

2020. 5. 31.

변혜정

목차

프롤로그   04

들어가며_ 여성 수비대, 성희롱을 설계하는 사람들:

      그래도, 여성 의원의 양 볼을 만지면 안 된다   10

'(성)차별'을 성sex 문제로만 보는 이유

1장 — 원래 그 사람이 좀 그래?:

      부적절한 성적 언동으로 판단하는 이유   28

2장 — 막말과 성적 대화가 같은가?:

      '엉덩이' 이야기가 '조심스러운' 이유   43

3장 — 여자가 문제이니 우리끼리 즐긴다?:

      펜스룰이 문제인 이유   61

4장 — 동성 성희롱은 동성애 때문이다?:

      성적으로만 과잉 해석하는 이유   75

'피/해'를 비밀로 만드는 이유

1장 — '해害'를 묻지 않는 사회?:

      피해자, 가해자만 궁금한 이유   98

2장 — 피해자는 순수하지 않다?:

      즉각 저항하지 않는/못하는 이유   114

3장 ─ 나는 괜찮은데 너는 모욕적이라고?:

그럼에도 3자가 신고해야 하는 이유   130

4장 ─ 누가 비밀이라 말하는가?:

비밀인데 다 알고 있는 '진짜' 이유   144

성희롱을 매뉴얼로 처리하기 어려운 이유

1장 ─ 듣고 싶은 대로 듣는다?:

'매뉴얼'대로 하는 것이 문제인 이유   162

2장 ─ 소송과 용서 사이에서?:

진정한 '사과'가 어려운 이유   179

3장 ─ 우리 모두 관여되어 있다?:

개인적 책임은 가해자가,

사회적 책임은 함께 지는 이유   198

에필로그_ 이제는 말할 수 있다   216

생각의 지평을 열어준 자료들   222

여성 수비대, 성희롱을 설계하는 사람들:
그래도, 여성 의원의 양 볼을 만지면 안 된다

필자는 요즈음 영화 같은 현실, 현실 같은 영화 안에서 살고 있다. 또 가짜 같은 진짜, 진짜 같은 가짜들과 살고 있다. 심지어 친구 같은 적, 적 같은 친구와 살고 있다. 언제부터인지 현실과 영화, 가짜와 진짜, 친구와 적이 구분되지 않는다. 그래서인지 성희롱 사건은 어떤 사건보다도 서로를 가짜, 진짜라고 주장한다.

대체 성희롱이 무엇인지? 왜 문제인지? 갈수록 잘 모르겠단다. 너무 들어서 지겹다고 그만하라고도 한다. 심지어 '이거 성희롱 아니야?'라고 의심하면서도 그냥 웃어넘긴다. 하지만 성범죄 관련 기사들은 어떤 이슈보다 포털의 상위권을 차지한다. 성희롱 관련 이야기는 식당이나 지하철 같은 일상에서도 단골 소재이다.

성희롱성폭력은 발생부터 은폐, 발화, 협상, 치유까지 비슷한 구조에 놓여 있다. 우리 일상의 어떤 한 부분이다. 굳이 지적하지 않으면 슬쩍 넘어가도 모른다. 성희롱이라고 외치는 사건이 발생하면 믿고 싶은 것만 믿는다. 듣고 싶은 것만 듣는다. 그래서 그런지 모두 억울하다고 한다.

얼마 전 웃어야 할지 울어야 할지 모를 일이 발생했다. '패스트트랙'으로 정국이 복잡하더니 결국 국회의장 '성희롱' 사건으로 포털이 종일 시끄럽다. 몇 개의 제목만 보더라도 '국회의장이 여성 의원을 성희롱했다'며 갑론을박이다. 자극적인 기사들이 넘쳐 난다.

'여성 의원을 의도적으로 이용했다', '국회의장이라는 위치에서 상대방 여성을 성적으로 모욕했다', '진짜 피해자를 울리지 마라', '결혼도 하지 않은 여성이 얼마나 힘들지 피해자의 고통을 알기나 하느냐' 등 누군가는 이 상황을 두고 '동물 국회'라고 비난했다. 또 누군가는 동물도 (인간이 본받아야 할) 나름의 규칙이 있다며 동물을 폄하하지 말라며 질책했다. 정말 요지경 속이다.

다음은 그날 상황을 적은 기사의 요약이다.오마이뉴스, "알기 쉽게 정리한 한국당 주장 '임이자 성추행' 사건의 전말", 2019.4.25. 관점에 따라 해석은 다르지만 그날 상황은 비슷하게 기사화되었다.

① 문희상 국회의장이 자유한국당 의원들 사이를 빠져나가

려고 함

② 자유한국당 여성 의원으로 추정되는 인물이 "여성 의원
들이 막아야 돼"라고 말함

③ 자유한국당 의원들 사이에서 임이자 의원 등장(그전까
지는 잘 보이지 않았음)

④ 임이자 의원이 양팔을 벌리고 문희상 의장을 막아섬

⑤ 임이자 의원 "의장님 손대면 이거 성희롱이에요"라고 말함

⑥ 문희상 의장 "이렇게 하면 성추행이냐"라며 임 의원의
양 볼을 두 손으로 감쌈

⑦ 이후 자유한국당 "문희상 의장이 임이자 의원을 성추행
했다"며 고소하겠다고 입장을 밝히고 기자회견 진행

이것이 바로 20대 국회의 수준이다. 블랙코미디라고 부르
기도 부끄럽다. 현실을 직면하며 몇 가지를 질문해 보았다. 맥
락과 관계없이, 임 의원 말대로 손대면 성희롱인가? 아니면 의
도적으로 여성을 배치하여 성희롱을 유발했으니 성희롱이 아
닌가? 문 의장을 저지할 수 있다고 여겨지는 자는 왜 여성인가?
문 의장은 어떻게 상대방 여성 의원의 양 볼을 만질 수 있는가?
일반적인 여성이라면 쉽지 않은, '성희롱하지 말라'고 외칠 수
있는 권력은 어떻게 가능한가?

의장을 합리적인 설득 또는 무력으로 막은 것이 아니라 물
리적인 힘이 없다고 여겨지는 약자인 여성을 수비대로 세운 것
은 씁쓸한 지점이다. 물론 의장은 의원의 볼 만지기를 통해 성희

롱이 가능한 현실과 제도를 동시에 조롱했다. 누가 더 힘이 센지는 굳이 분석하지 않겠다. 필자는 이 사건이 성희롱인지 아닌지보다, 이 사건을 둘러싼 배경이나 의미에 대해 더 관심이 간다.

본 '성희롱' 사태는 여성을 남성의 성적 대상으로 간주하는, 함부로 만져서는 안 되는 허락하지 않은 몸을 함부로 만진, 이성애 제도에서의 성차별을 금지하기 위해 만든 성희롱 제도를 '오용'했으며 의장/의원, 남/여라는 성별 권력 관계를 '남용'한 사건이다. 이것이 결론이다. 기존 제도를 함부로, 잘못, 넘치게 이용했다는 점에서 오용誤用과 남용濫用이란 단어를 사용했다.

이러한 예는 생각보다 많다. 2019년 10월 자유한국당은 "~ 더 이상 국민 우롱 말고 사무실의 꽃 보며 자위自慰나 하시라"라는 제목으로 논평을 냈다. 이에 대해 더불어민주당은 국민 모욕적 성희롱 발언에 사과하고 대변인직을 사퇴하라고 요구했다. '스스로 위로함' 그리고 '수음'이라는 중의적 의미를 가진 '자위'라는 표현을 통해 상대방을 자극하는 당도 문제이지만, 그것에 "~ 성적 희롱하는 표현"이라 대응하는 저급함도 코미디이다. 물론 조롱적 의미로 자위라는 단어를 사용한 것일 테지만 혹 조롱적 의미가 아닌 다른 의미로 표현했어도 성희롱인 것인가? 만약 '꽃이나 보면서 접시물이나 빨아 드세요'라고 말하면 성희롱이 아니니 괜찮은 것인가?

또 이런 기사도 보았다. 미 대사관에 침입한 시위대 17명 중 남성 6명은 바로 체포했지만 여성 11명은 내버려 두었다. 신체 접촉에 따른 시비가 벌어질 수도 있기에 여성 경찰관을 기다

렸다는 것이다 조선일보, "美대사관저 난입, 경찰은 쳐다만 봤다", 2019.10.19. 남성을 체포할 수 있으면 여성도 체포할 수 있는 것이다. 여성 미체포가 성희롱 방지를 위한 긍정적인 업무 집행인가? 성희롱하지 않는다는 것은, 여성을 보호하고 여성을 피하며 성적 언어를 쓰지 말라는 것인가?

1990년 초반, 직장 내 '성차별적인' 성적 언동을 제지하기 위해 성희롱을 제도화하면서 약자를 위한 많은 변화가 있었다. 그러나 성희롱이 발생하는 사회·문화 구조가 변화되었다기보다는 개인적 방식으로 이해, 활용, 오용, 남용되고 있는 것이 현실이다. 사람들은 '가해 행위'를 만드는 맥락이나 의도를 궁금해하지 않는다. 또 피해가 무엇인지 묻지 않는다.

상황에 따라서 '성희롱하지 말라'고 우선 외치고 본다. 주목받기 위해 성희롱을 활용하기도 한다. 소수 사례라고 치부하기에는 성차별 금지를 위해 만든 성희롱이 왜곡되고 희화화된다. 또 (법적, 사회적 판단과 관계없이) 성희롱 행위자로 지목받는 순간 큰 잘못을 한 사람이 된다. 어떠한 언동을 성희롱이라 명명만 하면 과연 그 언동은 성희롱인가?

성희롱 행위자로 명명하는 힘이 어느 정도인지 질문한다. 모 정당이 성 관련 의혹자를 공천에서 일단 배제한다는 것은 큰 변화일 수 있으나, 의혹자의 활동 금지를 위해 성희롱 제재를 하는 것인가? 물론 피해자가 행위자를 지목한다는 것은 쉬운 일이 아니다. 하지만 피해자의 성희롱 피해 말하기 발화는 행위자를 '치워 버리는 것'에 그 목적을 둔 것은 아닐 것이다. 피해자는 더 이상 그러한 성희롱 행위가 발생하지 않도록 무엇인가를 실행하라고 발화하는 것이다.

매뉴얼에 따르면 성희롱이라 명명하는/명명되는 순간 행위자 확인, 조사, 처벌 단계로 진입한다. 성폭력 포함 모든 성희롱 상황은 맥락에 따라 피해 의미가 변화할 수 있으며 그 맥락을 어떻게 해석하는지에 따라 성희롱 판단 여부가 달라질 수 있다. 그러나 일단 성희롱으로 명명·진술되는 순간, 행위자는 조사받고 심의 이후 징계의 정도에 따라, 직위 해제부터 파면까지 제재를 받아야 끝이 난다. 그리고는 더 이상의 변화는 없다.

이 책은 '문 의장 사태'처럼 어떻게 성희롱으로 명명되고 설계될 수 있는지, 그리고 성희롱 발생, 은폐, 명명, 발화, 처리, 치유 과정에 권력이 어떻게 비가시화되어 있는지 살펴보기 위해 기획되었다. 동시에 해를 입었다, 해를 당했다라는 '피被'보다는 이 사회가 나쁜 것, '해害'를 어떻게 이해하고 방지하고 있는지, 성희롱이 작동하는 원리에 집중하려 한다.

어쩌면 피해를 주장하는 자의 동의 여부보다 중요하게 고려해야 할 것은 사람들이 마주하는 사람, 조직, 사회를 훼손·방해하는 것이 무엇인지, 그 '해害'의 구조를 밝히는 것에 있을 것이다. 성희롱은 '해害'를 품고 있는, 혹은 '해害'가 '해害'인줄 모르는 사회 구조사람 포함의 문제이기 때문이다.

성희롱의 순간, 거절·거부하지 않아 상호 동의한 것처럼 보였어도, 혹은 행위자가 의도하지 않았더라도, 때로는 그 맥락이 의도된 설계라고 할지라도, 더 나아가 '해害'를 당한 사람이 괜찮다고 하더라도 그러한 언동을 작동할 수 있게 하는 권력을 밝혀야 한다. '해悪'가 무엇이며, 왜 문제인지 '해悪'를 만드는 권력·시스템·구조를 깊이 있게 고민하지 않는다면 성희롱 등의 성범죄는 언제든지 주조되며 피해자의 고통은 치유되기 어렵다.

필자는 (성)차별을 발생시키는 성별 권력 등 성희롱을 가능하게 하는 권력의 효과와 그 원인을 살폈다. '목욕물을 버린다면서 아이까지 버리는 것'은 아닌지, 권력의 작동을 비판한다면서 성희롱 가해자만을 사회에서 배제하는 '꼬리만 자르는 것'은 아닌지, '절차/처리 매뉴얼'도 엄격하게 다시 읽을 것이다.

이러한 목적에서 법/제도화 영역 이상의 가치 체계와 구조에 대해 질문하고 답을 찾아가는 과정을 솔직하게 써 내려갔다. 필자의 경험을 포함하여 언론에 나타난 누구나 알고 있는 사례나 영화 사례를 분석했다. 상담이나 컨설팅 사례 등은 상담 윤리나 개인정보 보호 위반 등을 염려하여 동의받은 사례에 한정하여 당사자를 특정할 수 없도록 가공했다. 판례 분석은 되도록 하지 않았는데 이것은 관련 전문가와의 협업 과제로 남긴다.

사족: 필자는 피해를 만들어 내는 비가시화·관습화된 권력 작동의 이유를 밝히고 많은 사람들과 토론하기 위해 쉽게 쓰려고 노력했다. 기계적으로 매뉴얼을 적용하는 것을 조금이라도 덜기 위해 맥락에 대한 이해와 함께 사건 처리 팁매뉴얼을 제안했다. 그러나 필자의 의도대로 되지 않았다. 이것은 전적으로 필자의 부족함에서 기인한 것이다. 필자가 미처 생각하지 못한, 잘못

설명한 내용은 독자가 수정해 주리라 믿는다.

이 책의 구성은 다음과 같다.

1부에서는, 성희롱은 (성)차별에 대한 문제라는 것을 강조하면서 성희롱을 부적절한 성sex 문제로 보는 경향을 비판한다. 성희롱의 제도화 과정에서 발생한 '차별'보다 성적인 것에 대한 '관음증적 관심'을 살핀다. 동시에 약자에게 엉덩이, 가슴 등 성적인 것과 성적이지 않은 것에 대한 구분을 작동시키는 권력을 분석한다. 성적인 것에 대한 도덕적 규제는, 음지에는 상상할 수 없는 괴상하고 폭력적 성적 행동을 하면서 공식적으로는 성적 대화조차 하지 못하게 하는 이중문화, 여자를 필요로 하지만 성적 위험으로 인식하여 '문제'로 배제하는 남성 중심적 문화를 강화한다. 결국 성적인 것에 대한 과도한 관심은 피해를 말하는 자의 성경험, 직업, 외모, 나이 등에 대한 통념으로 피해 여부를 판단하게 한다. 그러면서 '피해자성'은 더욱 강화된다. 결국 강화된 피해자성은 동성 성희롱은 동성애 때문이라는 동성애 혐오까지도 양산한다.

1부 1장 성희롱이 수치심보다 노동권 침해를 강조해야 하는 이유에서는 성희롱의 제도화 역사를 통해 성차별이 어떻게 비가시화되는지를 분석한다. 행위자의 성적 언동이 피해자에게는 성적으로 해석되지 않는데, 이러한 피해자의 목소리가 왜 들리지 않는지를 질문하면서 성적이지 않은 노동권 문제가 개인의 성적인 문제로 환원되는 성희롱의 제도화 역사를 살핀다. 굴욕감이나 수치심을 주는 언동이라는 성희롱의 판단 기준은 결국 강자가 약자를 성적으로 괴롭히는 근본적인 이유를 보여주지 못하면서 권력의 작동을 설명하지 못하게 한다. 정말 성희롱을 성적인 문제로 보고 싶으면 권력자가 취하는 성적 언동의 작동 방식을 드러내면 된다. '성적인sexual' 언동과 (성)차별 구조와의 관계를 밝혀야 한다.

1부 2장 엉덩이 이야기 등 성적 대화가 '조심스러운' 이유에서는 성희롱으로 오해받을 수 있는 성적인 대화에 대한 고민을 토로한다. 조직 내에서 엉덩이 등 성적 언급이나 접촉이 불쾌한 이유는 성적 부위를 언급해서가 아니라 당사자를 함부로 할 수 있는 하찮은 대상으로 보았기 때문이다. 동료, 직원, 부하 등으로서가 아닌 함부로, 하찮게, 하고 싶은 대로 하더니 또 저항하면 쫓겨날 수도 있는데 엉덩이에 집중하면 본질을 읽지 못한다. 문제는 상대방을 괴롭히기 위해 엉덩이가 선택되었다는 현실이다. 팔이나 발이 아니라 엉덩이 접촉이 상대방에게 괴롭힘으로 해석되는 그 현실을 문제화한다. 결국 성적sexual이란 것이 무엇인지, 성적이라고 범주화되어 있는 '그것'이 무엇인지를 다시 질문한다. 품격 없는 막말도 조심해야겠지만 막말이라고 다 성희롱은 아니라는 것, 그리고 '성적sexual'이라고 생각되는 신체 부위나 언동이 관련되어야 성희롱이라 생각하지만 '맥락'에 따라 그 의미가 다르다는 것을 강조한다.

1부 3장 여자가 위험하니 여성을 배제하는 펜스룰이 문제인 이유는 위험한 집단을 피함으로써 성희롱이 방지되는 것이 아니기 때문이다. 동료로서가 아닌 자신이 속한 집단과 다르게 '특별하게' 대우하는 결과가 성희롱이다. 집단의 동질성을 과잉 신뢰하며 차이를 인지하지 못하면 결과적으로 타인과의 소통은 갈수록 어려워진다. 타인에게 해를 끼치지 않는다면 뜻이 맞는 집단 안에서 무엇을 하든 자유라고 생각한다. 그러다 보니 성희롱을 피하기 위해 트러블 메이커가 없는 자신들만의 공간에서 놀기를 원하는 사람이 많아지고 있다. 이것은 성희롱 방지 차원에서 남성 집단뿐만 아니라 여성 집단에서도 마찬가지이다. 배타적이고 폐쇄적인 집단에서 끼리끼리 놀다 보면 성희롱적 언동이 발각될 리 없다고 믿는다. 그러나 동질적인 집단이라고 여겨 마음껏 놀았던 그 내부에 집단의 생각과는 다른 '이방인'이 숨어 있을 수 있다. 이제까지 괜찮았던 '관습적' 언동이 폭력으로 해석될 수 있다.

1부 4장 동성 성희롱을 판단할 때 성적으로 과잉 해석하는 이유에서는 성적 지향을 이유로 성희롱 행위자로 판단하는 것의 위험성을 경고한다. 그것은 차별이며 동성애 혐오이다. 동성 간 성적 언동이 신고되면 비규범적인 성적 환경이라 간주되어 성희롱으로 판단하기도 한다. 이는 동성애 혐오를 조장·발전시킨다. 성희롱은 성차별적 환경을 문제화하기 위해 도입되었으나 갈수록 '원하지 않는 성적 언동'을 중심으로 판단하는 경향이 생겼다. 물론 성차별적 환경에서 권력자의 성적 언동이 가능하며 그것이 더욱 성차별적 환경을 만드는 것도 사실이다. 그러나 동성애 등 비규범적인 성적 지향을 근거로 그 성적 언동이 모욕적인 수치심을 준다고 이를 성희롱으로 규제한다면 '의도하지 않게' 차별적이고 적대적인 상황을 방지하기보다 '비규범적인' 성적 환경을 규제하는 경향으로 흐를 수 있다. 비규범적인 성적 환경을 규제하려는 것이 아니라 차별적이고 적대적인 조직 문화를 변화시키기 위해 성희롱 문제 해결과정을 제도화했다면 동성 간 성희롱 피해 의미를 명확하게 할 필요가 있다.

2부 '피/해'를 비밀로 만드는 이유에서는 피해를 알려서는 안 될 비밀이라고 누가 주장하고 있는지 질문한다. 피/해는 비밀이라 묻지 않지만 피해자나 가해자가 누구인지 궁금해한다. 그리고 비밀로 보호해야 할 피해자가 순수하지 않을 때 피해자를 의심한다. 필자는 피해자가 저항하지 않는/저항하지 못하는 구조를 가시화하면서 피해는 비밀이 아니라는 것을 주장한다. 비밀이 아니니 3자 누구나 그 구조를 문제화할 수 있다.

2부 1장 피/해를 묻지 않고 피해자/가해자, 사람만 궁금해하는 이유에서는 피해를 묻지 않는 사회를 비판한다. 성희롱 사건이 드러나면 그 누구도 어떠한 맥락에서 사건이 발생되었는지 묻지 않는다. 궁금해도 감히 묻지 못한다. 권력자가 자신보다 약한 자를 성적으로 괴롭혔다는 정도로 추측할 뿐이다. 소문만 무성하다. 그러니 왜, 어느 정도, 얼마나 성적으로 괴롭혔는지 아무도 모른다. 견고하게 닫혀 있던 블랙박스 속 성희롱 사건을 이제는 과감하게 끄집어내어 그 구조를 밝힐 것을 주장한다. 그래서 행위자의 '성적' 언동이 피해자에게 성적이지 않다는 것, 재미와 쾌락을 느끼려는 그 언동을 상대방이 비웃고 있다가 '일까지 못하게' 하면 억울해서 발화한다는 것을 강조한다. 이를 밝히지 않는다면 행위자의 '성적' 언동은 '찌질'하게 지속될 것이다.

2부 2장 피해자가 즉각 저항하지 못 하는/안 하는 이유에서는 피해자도 사람이라는 당연한 사실을 설명한다. 피해자는 당신 같은 사람이다. 당연히 순수할 수만 없다. 피해자는 조직 내 권력을 체화하고 있으며 어떻게 대응해야 살아남을지 잘 알고 있다. 그렇다고 피해자가 악하다는 것은 더욱 아니다. 성적 언동을 하는 행위자에게 괴롭힘을 당하는 약자/피해자일 뿐이다. 피해자는 힘이 없어서 즉각 저항하지 못하기도 하지만, 힘이 없다는 사실을 알고 있고 그럼에도 지속적으로 일을 하고 싶어서 저항하지 않는다. 억울함을 참는 것이다. 이렇게 당연한 사실을 강조하는 것은, '피해자 중심주의'라는 전제에서 소문만 무성한 말도 안 되는 방식으로 피해자를 의심하면서도, 피해의 의미를 질문하는 것을 금하는 그 주장에 반대하기 때문이다.

2부 3장 나는 괜찮고 너는 모욕적이나 함부로 신고할 수 없다. 그럼에도 3자가 구조를 문제화해야/신고해야 하는 이유에서는 명분만 있는, 비어 있는empty 3자 신고 제도의 모순을 설명한다. 남녀고용평등법 제14조는 3자도 사업주에게 성희롱을 신고할 수 있다고 하지만 실상, 3자 신고는 복잡하다. 당사자 신고의 경우에도 약자/피해자라는 입장을 고려한다면, 직장을 떠나기로 결단할 때에나 가능하다. 3자 신고는 피해자의 동의 아래 피해자를 대리하여 신고하고 있는 상황이다. 아무리 문제적인 상황이라 할지라도 피해자의 동의 없이는 3자 신고는 쉽지 않다. 조직 문화 개선을 위해 (큰마음 먹고) 3자가 신고한다 할지라도 현행 처리 절차에서 그 목적을 달성하기란 어려운 일이다. 또 비밀 유지도 쉽지 않다. 더구나 성희롱 자체가 '비밀'이라고 말하는 순간 3자 신고는 더욱 어렵다. '비밀'이라고 간주되는 그 언동을 3자가 무슨 이익을 보겠다고 신고_{발설}하겠는가? 현실을 직시하면서 성희롱 규제 목적과 처리 절차를 재설정하길 촉구한다. 잘못하면 3자 신고 제도가 오용·남용될 수 있기 때문이다.

2부 4장 비밀인데 주변은 다 알고 있는 '진짜' 이유는 성희롱이 비밀이 아니기 때문이다. 특히나 비밀이 알려지는 것_{누설}을 꺼리는 자는 피해자가 아니라 가해 행위자이다. 피해자들은 자신의 억울한 경험을 세상에 알리고 싶어 한다. 실명 공개를 해서라도 말이다. 그러나 남녀고용평등법 등 관련법은 조사 과정을 통해 알게 된 내용에 대해 '비밀'을 지키라고 한다. 억울한 사건이 왜 비밀인가? 어디까지 그리고 누구에게 비밀이란 말인가? 그로써 이익을 보는 자는 누구인가? 비밀이 아닌 것을 비밀로 만들면 그것은 누구나 다 아는_{open} 비밀이 될 뿐이다. 벌거벗은 임금님이 벗은 것을 모든 백성이 아는 것처럼 말이다. 권력자/

가해 행위자만 그 언동을 비밀이라 생각하고 있다. 비밀 누설 금지보다 '피해자를 비난하는 행위'를 금지하는 것이 더 중요하다. 정작 비밀로 지켜야 할 것은 피해 내용, 구조가 아니라 '사람'이다. 피해자는 당연하고 가해 행위자도 포함하여 사람을 궁금해하지 말아야 한다.

3부에서는 성희롱이 사적인 개인의 문제가 아니라 성차별적 구조의 문제라는 것을, 부정하는 사회를 비판한다. 근본적인 구조의 변화를 촉구하기보다 개인적인 처벌의 문제로서 사건을 빨리 끝내고자 하는 자들은 매뉴얼 절차를 기계적으로 따르며 사과조차도 형식적으로 처리한다. 그러나 성희롱은 피해자와 가해자 모든 사람이 연루되어 있는 문제로 함께 조력하고 구조를 변화시키는 책임을 져야 한다. 이를 위해 개인과 조직이 피해자를 조력하고, 성차별적 구조를 근본적으로 변화시킬 수 있는 방법에 대해 제안한다.

3부 1장 듣고 싶은 대로 듣는 '매뉴얼'이 문제가 될 수 있는 이유에서는 성희롱 발생 구조에 대한 이해 없이 사건을 매뉴얼에 '기계적'으로 적용하기 때문이다. 사용설명서 매뉴얼이 필요한 이유는 도움이 필요한 사람에게 신속하고 쉽게 도움을 주기 위해서이다. 그러나 도움을 주려고 만든 매뉴얼이 때로는 말하는 자_{보고자}의 진술을 과장, 또는 삭제하고 있다. 불편한 성적 언동 관련 진술을 듣는다는 것은 '말하는 자'에 대한 이해와 책임이 수반될 때 가능하다. 또 기존 사회에 대한 통념, 관습, 가치에 대한 비판적인 태도를 가질 때 그/그녀들의 목소리가 들리며 매뉴얼을 잘 적용할 수 있다. 성 관련 피해는 개인적 고통 이상의 사회적 고통이기 때문이다. 결국 피/해는 '말하는 자'에게 죄가 있지도guilt 않고, 그렇다고 순수하지도innocent 않다고 전제할 때 들린다. 피해는 그/그녀의 피해의 가능성으로부터 출발하여 수많은 해석의 경합 과정을 통해 규명된다. 이는 현 사회와 개인의 욕망에 대한 비판적인 변화를 가정할 때 가능하다.

3부 2장에서는 성희롱 행위자의 진정한 '사과'가 어려운 이유는 행위자 자신이 무엇을 잘못했는지, 어떻게 해야 하는지를 모르고 있다는 것을 밝힌다. 이러한 행위자에게는 사과를 위한 말 걸기를 해야 한다. 성희롱 피해자는 사건이 발생하면 빨리 마무리하고 일상으로 돌아가고 싶어 한다. 없었던 일처럼 잊어버리고 싶어 한다. 행위자, 행위가 일어난 장소는 보고 싶지도, 만나고 싶지도 않다. 그러나 이는 쉽지 않다. 소송을 통해 사건을 대리하고 싶은 이유도 행위자 응징의 목적을 넘어 자신에게서 사건을 떼어내기 위해서이다. 이처럼 사건을 자신의 기억에서 지워 버리고 싶은 사람들은 처벌, 용서나 화해 등 피해 이후를 생각하고 싶지 않다. 그러나 진실은 밝히고 싶다. 진정성 있는 사과를 받고 싶으나 그렇다고 그 상황을 용서하는 과정은 그리 쉽지 않다. 어떤 누구도 피해자에게 용서를 권할 수 없다. 따라서 행위자의 사과는, 행위자가 하는 것처럼 보여도 피해자가 이 사건을 어떻게 수용하고 정리할지, 피해자 스스로 결단하는 과정을 통해 가능하다. 용서 또한 진정한 사과 이후에 피해자만이 결정할 수 있다. 이 장은 행위자 사과의 필요성과 그 어려움에 대해 숙고한다. 혹 피해자가 사과를 받지 않기로 결정할지라도 행위자는 다양한 방식으로 용서를 구할 방법을 모색해야 한다. 그러나 용서를 구한다고 상대방이 원하지 않는 사과를 막무가내로 해서는 안 된다.

3부 3장 성희롱 문제에 함께 책임져야 하는 이유에서는 성희롱 가해 행위자 입증과 처벌에 골몰하는 '금지·정책·절차3Ps: prohibition, policy, procedures'를 넘어서길 주장한다. 이제는 일상화된 차별, 모욕, 혐오 문화의 근본적인 변화를 위해 개인 처벌 이상의 부정의하고 모욕적인 사회적 고통 치유와 모두의 책임을 주장한다. 성희롱 발생에 대한 개인, 또는 사업주의 책임은 어디까지인지 그 상황과 무관하게 보이는 나, 너, 공동체의 책임까지 고민하기를 권한다. 특정 개인이 성희롱 행위에 공모하지 않았더라도, 윤리적이고 정치적인 반성을 촉구하는 참여 구조에 공생·상생한다는 점에서 개인의 책임은 그리 간단하지 않다. 우리 모두가 성희롱 문제와 연루되고 관여된implicated 주체로서 성희롱 발생 구조를 분석, 성찰, 재구성하기를 촉구한다. 이것이 바로 함께 책임져야 하는 이유이며 함께 책임지는 과정이다.

‘(성)차별’을
성sex 문제로만 보는 이유

1장

원래 그 사람이 좀 그래?:
부적절한 성적 언동으로 판단하는 이유

성희롱은 직장 내 (성)차별과 모욕을 주는 적대적 환경으로 노동권 침해를 방지하기 위해 규제한다. 그런데 성희롱을 부적절한 성sex 문제로 생각하는 경향이 있다. 성희롱의 제도화 과정에서 차별보다 성적인 것에 대한 '관음증적' 관심을 상기하면서 성차별이 어떻게 비가시화되었는지를 분석한다. 또 성적인 개인 문제로 환원되는 성희롱의 제도화 역사를 살핀다. 가해자의 의도가 아닌 피해자가 느끼는 굴욕감, 혐오감, 수치심을 주는 언동이라는 성희롱의 판단기준은 권력자의 성적 언동을 통해 노동권을 침해하는 근본적인 구조를 보여주지 못한다. 피해자는 부적절한 성적 언동도 모욕적이지만 비웃으며 꾹 참았다. 그런데도 노동권 침해를 당하면 너무나도 억울하다. 따라서 성차별적 조직에서의 '성적인sexual' 언동으로 인한 다양한 노동권 침해를 드러내야 한다. 동시에 성차별과 성적 언동의 관계도 설명해야 한다. 그래서 비웃으며 꾹 참은 성적 언동이 무엇인지를 알려야 한다. 그렇지 않으면 모든 성적 언동을 규제하는 사회가 되고 이는 또다시 권력자의 성적 언동만 강화하는 악순환의 덫에서 빠져나올 수 없다.

그 사람
'성적 언동'이 문제라던데…

한국 사회는 '성'에 대해 민감하다. 어떤 주제보다도 성 문제에 대해 관심이 많다. 어려운 강의라 할지라도 분위기를 좋게 하거나 직장에서 관심을 끌기 위해 성적 농담을 활용하기도 한다. 그러나 대수롭지 않다고 여겨지는 성적인 농담이나 접촉 등이 '문제'인 시대가 되었다.

사적인 성적 문제는 상담, 정신과 진료 등을 통해 비밀스럽게 해결되지만 공적인 문제로 드러나면 성희롱·성폭력으로 명명한다. 성희롱은 1993년 서울대 신 교수 사건을 통해 한국 사회에 각인되었다. 그러나 단어의 의미 때문인지 성희롱은 가볍게 느껴지거나 희화화되고 있다. 아니면 파렴치한 놈이라는 개인적 비난이나 가벼운 징계로 마무리된다.

행위자들은 괴롭힐 의도를 가지고 성희롱을 했다고 하기보다 '지도하고 싶어서' '관심을 끌기 위해' '오빠 같아서' '분위기를 위해' 등 단순하고 일상적인 이유를 든다. 그래서인지 성희롱이 처음 명명되었던 1993년의 사회 분위기를 보여주는 만평이나 기사를 보면 성희롱은 심각하게 다뤄지지 않았다.

서울대 신 교수 성희롱 사건[1] 1심이 승소하자 '쳐다보면 3천

---

1   서울대학교 신 모 교수에게 업무상 불필요한 성적 언동을 지속적으로 당한 피해자는 거부의 의사를 밝히자 당초 재임용 약속과 다르게 재임용 추천을 받지 못했다. 피해자는 1993년 10월 18일 서울민사지법에 담당교수, 서울대 총장, 대한민국을 피고로 하여 5천만 원의 손해배상을 제기했다. 1994년 4월 18일 서울민사지법(93가합77840)은 원고 승소로 피고 교수에게 3천만

만 원' '사시라면 모를까 시선의 자유를 막지 말라' 등 비하, 조롱, 희화화되었다. 또 '성'희롱의 성적인 관심만 지대했다.

6년 동안 지속되었던 국내 최초의 성희롱 소송 판결은 성적 의도를 가진 신체 접촉이나 농담으로 인한 손해 배상을 인정했다. 그러나 재판부는 "직장 내 성희롱은 상식, 관행에 비춰 위법성이 있는지 여부만 가리면 되지 원심 판단과 같이 피해자가 성희롱으로 인해 업무능력을 저해당했다거나 정신적 안정을 해쳤다는 점 등을 입증해야 되는 것은 아니다"라며 성희롱의 요건 중 업무능력 저해 등의 노동권 침해에 대해서는 인색했다. 또 재판부는 공동피고인 서울대 총장과 국가에 대해서는 "피고의 성희롱 행위는 직무와 관련된 게 아니므로 사용자에게 책임을 물을 수 없다"라며 원심과 같이 손해배상 책임을 인정하지 않았다

중앙일보, 1998.2.11; 대법원 1998.2.10. 선고 95다39533 판결문 참고.

이처럼 성희롱은 대법원의 판결문을 보더라도 상식 관행에 비춰 위법적인 성적 언동을 강조하고 있다. 또 'sexual harass-ment'라는 영단어를 성희롱이라 번역하면서 성폭력에 비해 가

원의 손해배상 지급을 명했다. 4번의 판결이 있었는데 1995년 2심(서울고법 94나15358)을 제외하고는 모두 지도교수의 성희롱을 인정했다. 다만 4번의 판결 모두 직장 내에서 발생한 성희롱 행위가 직무 관련성 없이 은밀하고 개인적으로 이루어졌으므로 서울대 총장과 국가의 책임은 인정하지 않았다. 대법원은 성희롱의 불법행위 성립 여부를 판단함에 있어 이를 고용관계에 한정하거나 조건적 성희롱과 환경형 성희롱으로 구분하는 논지는 채택하지 않았다(1998년 2월 10일 대법원 95다39533: 원심판결 중 피고 교수에 대한 부분 파기, 서울고등법원 환송). 결국 1999년 피고에게 원고의 정신적 손해에 대한 배상 책임으로서 5백만 원의 손해배상지급 명령으로 최초의 성희롱 사건은 종결되었다(6월 25일 서울고법 98나12180). 〈서울대 신 교수 성희롱 사건 자료〉(미간행) 참고.

벼운, 부적절한 성적 문제 등이 의도치 않게 강조되었다.[2] '성'에 대한 관음적인 관심이 '희롱'과 만나면서 '성차별'은 잊혀졌다. 쉽지는 않겠지만 직장 내 성차별 또는 직장 내 성적 괴롭힘 등 피해를 구체화하는 더 명확한 언어를 발명해야 한다.

이러한 우여곡절은 현재 성희롱에 대한 다양한 고민을 던진다. 일단 성희롱 관련법제도화로 상사가 직장에서 (여성) 직원에게 성적 언동을 함부로 할 수 없게 했다. 반면 성희롱 관련법의 목적이나 정의와 달리 성희롱을 성차별적 노동권 문제로 보는 것에 대해서는 명확하게 드러나지 않았다. 오히려 신 교수 항소심 재판부가 "불법적 성희롱은 상대방에게 성적 굴욕감을 느끼게 하고 고용조건 등을 미끼로 행해진 경우로 제한해야 한다"라며 1심을 뒤집은 원고패소 판결이 '고용 조건'이라는 노동권을 생각하게 했다.

김진은 성희롱을 정의하는 세 가지 법의 변화를 말한다.[3]

---

[2]   시사저널(1995.8.10.)에서도 2심 패소 이후 법원 판단을 비판하며 성적 괴롭힘에 대한 의미를 강조하고 있다.

[3]   김진(2019)은 성희롱 보호법익의 역사를 관련법의 변화를 통해 설명하고 있다. 유사해 보이지만 다소 혼란을 주는 관련법의 정리가 필요하다는 의견들이 제시되어 2001.8.14. 남녀고용평등법 제4차 개정에서 이를 수정하였고, 이 규정은 이후 문구 수정을 거치기는 하였으나 현재까지 그대로 유지되고 있다. 특히 차별에 대한 구제 업무를 국가인권위원회로 일원화하면서 2005.3.24. 구 남녀차별금지법이 폐지되었고, 2005.7.29. 국가인권위원회법에 구 남녀차별금지법과 동일한 성희롱 개념 규정이 신설되었다. 이 조항 역시 그 위치와 체계를 조금 바꾸기는 했지만 그대로 유지되고 있다. "성희롱 규제 20년: 법제 발전과 주요 판결례를 중심으로", 〈성희롱 규제 20년, 현재와 미래〉, 국가인권위원회·한국젠더법학회 추계공동학술대회, 한국여성정책연구원 제25차 젠더와 입법 포럼.

현행 관련법4들은, 성적 언동 그 밖의 요구 등에 대한 불응을 이유로 고용상의 불이익을 주는 것을 제지한다지만 굴욕적이고 혐오적으로 느끼는 성적 언동 금지가 우선이다. 필자는 서울대 신 교수 사건 이후 불평등한 이성애 사회의 성차별적인 구조 변화를 위해 문제 되는 언동이 성 문제로 만들어지는 법제도화 과정을 지켜보고 있다. 특히 남녀차별금지및구제법이 없어지면서 현 성희롱 관련 제도화 정착 과정에 대한 비판적인 분석을 제안한다.5

1994년 성희롱을 왜 성폭력과 다른 범주로 명명했을까? 직장 내 차별이 성적 언동으로 드러난 이유는 무엇일까? 그럼에도

4   성희롱의 법적 정의에 대한 관련 법률상 내용 비교

구분	「양성평등기본법」	「남녀고용평등법」	「국가인권위원회법」
행위자	'국가기관·지방자치단체, 각급 학교, 공직유관단체)'의 종사자(민간 사업체)의 사용자 또는 근로자	사업주·상급자 또는 근로자 고객 등 제3자	'공공기관(국가기관·지방자치단체, 각급 학교, 공직유관단체)'의 종사자(민간 사업체의) 사용자 또는 근로자
피해자	불특정	다른 근로자	불특정
업무 관련성	업무, 고용, 그 밖의 관계에서 지위를 이용하거나 업무 등과 관련하여	직장 내의 지위를 이용하거나 업무와 관련	업무, 고용, 그 밖의 관계에서 지위를 이용하거나 업무 등과 관련하여
행위 태양	"성적 언동 등" "그 밖의 요구"		
행위로 인한 피해	성적 굴욕감이나 혐오감을 느끼는 행위와 상대방이 성적 언동 또는 요구에 대한 불응을 이유로 불이익을 주거나 그에 따르는 것을 조건으로 이익 공여의 의사표시를 하는 행위	성적 굴욕감 또는 혐오감을 느끼게 하거나 성적 언동 또는 그 밖의 요구 등에 따르지 아니하였다는 이유로 고용에서 불이익을 주는 것	성적 굴욕감 또는 혐오감을 느끼게 하거나 성적 언동 또는 그 밖의 요구 등에 따르지 아니한다는 이유로 고용상의 불이익을 주는 것

출처: 박선영 외(2018), 〈직장 내 성희롱·성폭력 사건 처리 매뉴얼〉, 여성가족부, 7쪽.

5   성희롱 관련법제도화 관련 여성계 원로들과 식사 자리를 가진 적이 있었다. 그 당시를 기억하는 그들의 이야기는 국가인권위원회의 설립 과정 그리고 여전히 정체성 혼란을 겪고 있는 여성가족부의 제도화 과정을 면밀하게 살펴볼 필요를 느끼게 하였다.

직장내 차별이나 노동권 문제보다 성적 언동 규제가 강화되었을까? 결국 조직내 차별과 성적 언동의 관계가 무엇인지에 대한 질문이다.

성희롱 관련 법률이라고 할 수 있는 남녀고용평등법, 양성평등기본법, 국가인권위원회법의 주요 내용은 성희롱의 예방과 방지, 분쟁 처리와 구제, 피해자 보호 조치 등으로 민사 행정상 규제[6]가 가능하다. 표현의 차이는 있지만 ① 평등권 침해의 차별 행위 금지. ② 인권과 양성 평등 사회 실현을 통해 국민의 삶의 질 향상에 이바지함을 목적으로 한다. 국가인권위원회법에서는 남녀를 명시하지 않았지만 양성평등기본법과 남녀고용평등법은 남녀평등을 목적으로 하는 성별제도에 근거를 두고 있다.

이처럼 법, 제도를 통해 본 성희롱은 '업무, 고용 관계 등과 관련하여' 상대방에게 성적 굴욕감이나 모욕감을 주는 성적 언동으로 고용 환경을 악화시킨다. 직장 내 성희롱 판단 근거는 ① 고용, 업무 관계 ② 불평등 위계 관계에서 이뤄지는 상대방에 대한 성적 언동으로 인한 굴욕감, 혐오감이다.

그러나 권력자의 권력 실행인 성적 언동을 폭력이나 차별이라도 업무로 인식하여 굴욕적이라도 침묵했다면 수용한 것으로 볼 수 있다. 또 피해자가 굴욕감을 느끼지 않았다면 차별이라도 성희롱이 아닐 수 있다. 또 평등권을 침해하는 차별적 언동이

---

[6]   「아동복지법」과 「노인복지법」과 같이 특수한 피해자에 관한 법률에서 형사 처벌 대상으로 삼고 있는 것을 제외하면 성희롱 관련법들은 민사 손해배상 소송 등을 통해 구현된다. 단 성희롱 중에서도 강간, 강제 추행 등이나 남녀 고용평등과 일·가정 양립 지원에 관한 법률(남녀고용평등법) 14조 불이익 조치 등은 형사 사건으로 기소될 수 있다.

굴욕감을 느끼게 하지만 굴욕감을 느끼게 하는 언동이 항상 차별적인 것이 아닐 수도 있다. '이쁘다'라는 표현이 누구에게는 굴욕적일 수 있지만 누구에게는 칭찬일 수 있다. 어깨 두드림도 누구에게는 불편하나 누구에게는 격려일 수 있다.

이때 피해자가 굴욕적이고 혐오적으로 느끼는 성적 언동을 스스로 신고하거나 민원을 제기할 수 있다는 권리 부여는 구조적인 차별을 드러내기보다 합리적 수준을 넘어서는 행위자의 부적절한 언동을 문제화할 수 있다. 물론 권력 관계에서 발생한 성적 언동에 대해 혼란스러운 약자가 스스로 '피해자임'을 선택하는 것은 쉽지 않지만 말이다.

이처럼 굴욕감 등의 피해자 감정을 강조하다 보니 성희롱은 누가 봐도 부적절한, 굴욕적이고 혐오감을 주는 개인의 성적 언동을 규제하는 제도가 되어 버렸다. 아니 의도하지 않게 부적절함을 제기하는 피해자를 보호하기 위해 현행 성희롱 관련법은 성적 언동에 관한 어떠한 규범을 제시한다. 성차별이나 노동권 침해의 구조를 변화하기보다 직장 내 성적 언동만 규제하게 된 것이다. 그러나 사람마다 다르게 느끼는 감정보다 강자가 약자에게 편안하게 할 수 있다고 간주되는 지위, 권력을 문제 삼는다면 상황은 달라질 수 있다. 부하는 사장이 이쁘다고 격려하거나 어깨를 두드릴 수 없기 때문이다. 따라서 모욕감 등의 개인적 감정보다 상대방의 언동과 그 지위에 주목해야 한다.

권력자는
왜 파렴치한 굴욕감을 주는
성적 언동을 할까?

권력자는 왜 파렴치한 성적 언동을 하는 것일까? 왜 성적으로 약자를 괴롭히는 것일까? 물건을 던지거나 때리면서 괴롭히는 것은 가시적이다. 반면 성적 언동은 표시가 나지 않기에 괴롭힌다고 생각하지 않는다.

권력자는 상대방이 약자/여성이라는 것을 안다. 그/녀가 말하지 않는다는 것도 안다. 약자라서 말하지 않기도 하지만 '성적인' 문제라서 쉽게 말하지 않을 것을 안다. 남자가 남자를 성적으로 괴롭히는 이유도 상대방이 '약한 여자' 같아서라고 하는 것처럼, 권력자는 상대방이 약하기 때문에 괴롭힌다. 그리고 성적 괴롭힘이 상대방을 취약하게 한다는 것도 알고 있다. 권력자에게 이는 '즐거운' 괴롭힘이다. 그래서 굴욕감을 준다는 것을 모른다.

성희롱은 ① 조직의 불평등성, ② 조직의 성차별성, ③ 조직의 성sexuality성을 동시에 이해해야 판단할 수 있다. 조직은 (아직까지 대체적으로) 여성보다 남성이 고위직에 있으며, 같은 동료라 할지라도 남성이 권력이 있으며, 남자와 여자는 동료라기보다 남녀유별 문화 안에서 서로 간에 조심해야 하는 성적 존재로 관계가 유지된다. 예를 들어 여성이 거의 없는 곳에서 발생하는 군대 성희롱은 조직의 불평등성, 구성원에 대한 차별성 그리고 권력자가 약자를 다루는 남성성과 남성 문화를 통해 이해가 가능하다.

강의하면서 가장 많이 질문받는 것이 있다. 개인의 경험은 다양하기 때문에 일반화하지 말라는 것이다. 맞는 말이다. 개인 간의 차이와 다양성이 존재하는 것은 맞지만 이성애 사회라는 규범과 제도를 근거로 권력이 실현된다는 것을 염두에 두어야 한다. 규범과 제도에 대한 개인의 수용 여부와 관계없이 남녀 간의 성적 역할에 따른 실천을 자연스럽게 강요하는 제도[7] 안에 살다 보면 행위자 또한 성적 권력을 실행하는 영향권 아래에 있게 된다.

행위자는 성욕이 강해 갑자기 또는 본능적으로 약자를 성적으로, 관습적으로 괴롭히는 것이 아니라 성적 역할을 강력하게 실천한 것뿐이다. 물론 그 실천을 약하게 하거나 하지 않을 수도 있다. 따라서 '잠재적 가해자'라는 표현보다 '자신이 권력자라는 것을 인지하는 순간 누구라도 (성적) 권력을 마음대로 행사하는 것이 가능한 사회'라는 표현이 더 적합하다. 그런데 약자가 취약한 부분이 '성적인 것'이다. 때로는 돈이거나 자식이기도 한다.

예를 들어 사귀는 관계이거나 사귈 수 있는 관계라고 생각될 때 어떠한 성적 행위는 묵인된다. 같이 잔다면 그 둘은 특별한 관계라고 생각한다. 같은 성이 아니면 '대중목욕탕'에 같이

---

7   이성애 제도에 의해 지지받는 이성애를 규범적으로 여기지만 비규범적이라고 여기는 비정상, 변태로 생각하는 성적 실천도 있다. 그러나 어떠한 성적 실천을 비규범적이라고 명명하는 것 또한 권력이다. 한국 사회의 성희롱·성폭력이 이성애 제도를 중심으로 제도화되면서 비규범적인 성적 관계에 대한 불손한 이해는 비규범적 언동을 성희롱으로 과잉 판단하기도 한다.

갈 수 없는 문화적 약속처럼, 숙박업소에 이성끼리 묵었다면 그들은 묵계에 따라 특별한/사귀는 관계가 된다. 이러한 묵계는, 이성 간은 상호 '성적 대상'이라고 전제되며 성별에 적합한 성적 각본들이 있다. 이러한 성적 각본은, 권력자가 특별히 성찰하지 않는다면 직장동료나 부하가 약자/여자라고 판단하는 순간, 상대방을 '함부로' 할 수 있게 한다. 물론 권력자는 이것을 '함부로'라고 생각하지 않으며 상대방이 '남성'일 경우 함부로 하는 방법이 다를 수 있다.[8]

조직은 역할에 따른 지위 구분을 통해 구성되며 권력은 조직 유지를 위한 책임으로 행사되어야 한다. 또 조직은 공적이라, 사적이라 여겨지는 성적인 실행이 개입되지 않는 것이 적절하다. 그러나 남녀가 함께 있는 조직에서 남녀유별의 다양한 이성애 제도들[9]이 작동한다.

과거에 비해 직장에 여성이 많이 들어오기 시작했다. 처음에 여성은 낮은 지위에서 남성 상사를 보좌하는 역할이었다. 남성이 여성을 함부로 해도 가능한 관계였다. 권력자는 상대방을 동료나 직원으로 대우하는 것이 아니라 여성 또는 약자로 대우

---

8   남자 약자인 경우, 괴롭히는 방법이 다를 수 있으나 성적으로도 괴롭힐 수도 있다. 동성 간 성폭력 문제로 발현될 수도 있다.

9   이성애 제도는 이처럼 남녀의 평등하지 않다고 여겨지는 성적 욕망을 근간으로 만들어진 남녀 분리 문화나 제도로 과학, 관습, 통념, 가치 등을 통해 자연화된다. '남자의 성적 본능이나 욕망은 제어할 수 없다'라는 명제가 이 제도 속에서 발견되는 대표적인 믿음이다. 불평등한 권력에서 약자(대체로 여자)는 함부로 할 수 있는 성적인 존재이다. 이처럼 이성애 제도는 자연화되어 있기 때문에 분석 요소로 등장하지 않지만 개인의 욕망과는 별개로 남녀의 성적 욕망에 대한 통념이 제도화되어 있다는 것을 간파해야 한다.

할 수 있었다. 그래서 보호하기도 하고 하찮게 대하기도 했다. 때로는 괴롭히기도 했다.

이처럼 남성과 여성은 상호 성적 대상으로 간주하지만 평등하지 않을 때가 많았다. 강자인 남성은 '자기 여자'의 몸을 '함부로' 만질 수 있었다. 남성이니 가능한 일이었다. 그런데 권력자 남성은 권력을 근거로 하여 자기 여자가 아니어도 함부로 만질 수 있었다. 이처럼 조직 내 권력은 마음대로 즐거움을 추구할 수 있으며 그 방법은 '성애화sexualized'되어 있다. 사랑하는 남자가 갑자기 키스하는 것을 거부하지 않고 당연하게 여기는 것처럼 말이다. 그러나 사랑하는 남자는 상대방이 이를 싫어할 수도 있다는 것을 모른다.

불평등한 권력의 성애화는 남성 부하보다 여성 부하 통제에 더욱 강화된다. 성적 통제이기에 효과적이기 때문이다. 때때로 차별적으로 대우해도 괜찮았다. 여자 직원이기 때문이다. 함부로 만지고 괴롭힐 수 있는 보이지 않은 권력, 또 보호한다고 선물도 주고 밤에 나오라고 할 수 있는 권력, 보이지 않기 때문에 더 실행할 수 있는 권력은 그렇게 상대방을 통제할 수 있었다.

그러나 1980년 말에 한국 사회에 알려진 성폭력에 대한 문제의식은 이를 의문시했다. 남의 여자는 함부로 만져서는 안 되고, 내 여자라도 상대방이 원하지 않을 때 즉 상호 동의가 없을 때 발생하는 일방의 성적 언동은 성 관련 범죄가 될 수 있다는 성폭력에 대한 문제의식은 '성적자기결정권'을 중요한 쟁점으로 만들었다. 또 사적 관계의 '내 여자'가 아닌 공적 관계인 '다른 남자의 여자'를 함부로 해서는 안 된다는 전제 아래 공적 관계에서 발생하는 함부로 하는 성적 언동을 특별히 '성희롱'으로 명명했다. 성폭력의 하위 범주로 업무 관계나 직장을 중심으로 일어난 성폭력을 성희롱으로 인지하게 한 것이다.

앞으로 함께 일하는 평등한 조직 문화를 목표로 한다면, 공적인 관계의 '남의 여자'에게 함부로 즉, 동의 없이 성적으로 그리고 부적절하게 수치심을 줘서 문제라는 성적 언동 그 자체를 규제할 것이 아니라 그러한 언동을 가능하게 하는 그 권력을 변화시켜야 한다.[10] 근본적 변화 없이 차별적 조직 구조에서 파생되는 그 언동만 규제한다면 그 언동은 다른 양태로 지속될 것이기 때문이다.

성적 언동보다
해고(노동권 침해)가
더 문제야

권력을 가진 인간 현상human event으로서 성희롱은 어쩌면 필연적인 결과인지도 모른다. 인간에 대한 폄하와 예속, 그리고 이와 연관된 '해(악)'에 관한 문제이다. 그렇다면 권력의 '찌질함

---

[10] 가부장적 이성애 제도에서 '내'가 소유한 여성을, 타인(남성)이 만지는 것은 불법 행위이다. 이는 과거에 남성들끼리 결투를 신청하는 근거가 되기도 했다. '정조에 관한 죄'라는 성폭력의 초기 보호법익도 이와 관련된다. 문제는 정조에 관한 죄라는 것은 없어졌지만 여전히 성 관련 피해는 여성에게 작동하는 이러한 '정조'에 근거한 '보호'가 전제되어 있다. 여성의 정조는 인격권, 노동권 보장으로 이름을 달리하여 작동하기도 한다.

이나 파렴치함'이 성적 언동으로 구현되고 지속되는 이유는 무엇일까? 질문을 바꿔 약자에게 가해지는 성적 언동은 그/그녀에게 어떠한 의미일까?

성희롱은 미국의 유명한 법학자 캐서린 매키넌Catherine MacKinnon의 「일하는 여성의 성희롱Sexual Harassment of Working Women」이라는 논문을 근거로 그 소송 사유가 만들어졌다. 매키넌은 성희롱을 가장 포괄적인 의미에서 "불균등한 힘의 관계에서 원치 않는 성적 요구를 부담시키는 것"이라고 정의했다.

1964년 민권법Title VII은 성에 따른 차별을 금지했지만 '원치 않는 성적 접근을 받는' 고용인들에게 소송할 수 있게 하지는 못했다. 이러한 상황에서 매키넌의 주장은 성희롱의 의미와 정의를 만드는 데 도움을 주었다. 이처럼 성희롱은 특별한 시대적 상황에서 그것을 문제화하고 신고·고소·심리하는 과정에서 그 범위와 보호법익이 구성된다.

1980년 EEOC고용평등기회위원회도 '성적 요구 부담'을 성차별에 포함시키기 위해 "Title VII에 따른 성차별"에 관한 지침을 확대했다. EEOC가 지침을 발표한 후, 법원들은 관례대로 "적대적인 환경"을 유발하는 성적 요구등은 실제 소송 사유가 될 수 있다고 판단했다.[11] 확대된 성차별 관련 지침안에 성적 요구 부담이 들어간 것이다.

한국에서 명명된 성희롱 역시 서울대 신 교수 사건이라는

[11]   Carolyn Grose(1995), Same-Sex Sexual Harassment: Subverting the Heterosexist Paradigm of Title VII, Yale J.L. & Feminism, pp.375-398.

피해자 조교의 노동권 문제에서 시작되었다. 행위자는 성적인 언동을 했으며 피해자는 거부, 인내하며 성적 언동을 문제화하기보다 계약 연장 불가 등 노동권 침해를 경험하고 그 억울함을 호소하였다. 그런데 서울대 신 교수 성희롱 사건은 성차별로 인한 노동권 침해보다 성적인 언동이 더 부각되었다. 계약이 연장되지 않아 성적인 언동을 했다고 무고 관련 언설도 많았다. 이러한 각본은 현재에도 강력하게 작동한다.

성차별의 대표적 속성으로 약자/여성에 대한 성적인 언동은 권력자의 즐거움이다. 또 약자/여성에게 성적 언동을 하면 통제 가능하리라 생각한다. 그러나 약자/여성은 부끄러울 것이며, 참을 것이며, 말하지 않을 것이라는 이러한 가정은 사회, 강자의 추측일 뿐이다. 물론 참기도 하고 말하지 않기도 한다. 피해자는 부적절한 성적 언동도 모욕적이지만 비웃으며 꾹 참았다. 그런데도 노동권 침해를 당하면 너무나도 억울하다. 이 억울함은 결국 성희롱 행위를 발화·신고하게 한다.

만약 권력자의 예상과 달리 피해자가 성적으로 치명적으로 느끼지 않고 오히려 치졸하고 '찌질'하고 파렴치한 행위라고 느낀다면 권력자는 어떨까? 성적 언동으로 인한 피해자의 굴욕감보다 하찮은 위치에 있는 자로 대우하여 마음대로 하는, 노동권 침해로 인한 억울함, 부당함과 그 언동의 '찌질'함이 더욱 강조되어야 한다. 그렇지 않으면 모든 성적 언동을 규제하는 사회가 되고 이는 또다시 권력자의 성적 언동만 강화하는 악순환의 덫에서 빠져나올 수 없다.

"과장의 성적 언동? 웃기지도 않아. 그게 뭐 대수라고…
나를 우습게 여긴 것 같아 재수 나쁘게
항의하다 해고된 게 더 문제지!"

성희롱 명명의 역사를 고려하여 앞으로도 성희롱이라 명명
될 것임을 염두에 두고 노동권 침해를 강조하기 위해 대처 발언
몇 가지를 제시하고자 한다.

오해하기 쉬운, 변경해야 할 생각들	대처 답변
행위자와 영원히 일할 수 없다가 아니라 조직과 행위자의 철저한 변화를 요구한다.	"누군가가 가슴을 함부로 만질 수 있는 사람으로 대우받아 화가 납니다. 제가 언제나 그 위치에 있는 것만은 아닙니다."
피해자는 행위자의 성적 언동이 갖는 권력과 쾌락을 행위자가 원하는 대로 느끼지 않는다. 혹 가만히 있었다면 일하기 위해 참는 것이다. 또는 무시하는 것이다.	"저는 당신이 함부로 할 수 있는 '여자(성적 대상)'가 아니라 역할과 지위가 다른 '부하'입니다. 제가 가만히 있었던 것은 부하로서 순응했을 뿐입니다. 부하인데 거역하면 회사를 그만두어야 하니까요."
성희롱 피해자는 스스로에게 수치심을 느끼거나 부끄러워할 필요가 없다. 그러니 성적으로 수치스러울 필요는 더더욱 없다.	"정작 수치심을 느껴야 하는 자는 행위자 당신입니다. 내가 느끼는 굴욕감은 내가 권력이 없어 이렇게 당하니 속상하고 억울함입니다. 이것은 공정하지 않습니다."

토론 1 — 공공기관 구성원도 아니고 직장 내 고용 관계를 명확하게 입증하지 못하는 프리랜서, 혹은 (예비) 예술가의 성희롱은 어떻게 문제화할 수 있으며 어떤 법에 근거할 수 있을까? 만약 관련법이 없다면 관련자는 어떻게 저항할 수 있을까?

토론 2 — 왜 권력자는 성적 언동을 통해 약자를 괴롭힐까? 피해자는 그 언동을 어떻게 해석하고 있을까? 예를 들면, '그게 그렇게 만지고 싶었을까? 얼마나 찌질한지, 불쌍하다니까.' 등 기존 통념과 다르게 실재하는 피해자의 목소리를 드러내는 방법을 토론해 보자. 혹 이런 일을 경험했거나 들었다면 솔직하게 토론해 보자.

2장

막말과 성적 대화가 같은가?:
'엉덩이' 이야기가 '조심스러운' 이유

공적 대화는 내용뿐 아니라 장소, 시간, 대상 등의 영향을 받는다. 엉덩이 관련 이야기는 공적으로 적합하지 않다고 간주된다. 그러나 조직 내에서 엉덩이 등 성적 언급이나 접촉이 적합하지 않은 이유는 성적 언동 그 자체가 음란해서가 아니라 상대방을 함부로 할 수 있는 하찮은 대상으로 보았기 때문이다. 동료, 직원, 부하 등으로서가 아닌 하찮게 대우하기 위해 함부로 괴롭힌 것뿐으로써 엉덩이 접촉음란성, 수치심 등에 집중하면 본질을 읽지 못한다. 문제는 괴롭히기 위해 엉덩이가 선택되었다는 현실이다. 팔이나 발이 아니라 엉덩이 접촉이 상대방에게 괴롭힘으로 선택되고 해석되는 그 현실을 문제화한다. 이 장은 성적sexual이란 것이 무엇인지, 성적이라고 범주화되어 있는 '그것'이 무엇인지를 질문한다. 품격 없는 막말도 조심해야겠지만 막말이라고 다 성희롱은 아니라는 것, 그리고 '성적sexual'이라고 생각되는 신체 부위나 언동이 관련되어야 성희롱이라 생각하지만 '맥락'에 따라 그 의미가 다르다는 것을 강조한다.

엉덩이, 레깅스,
불법 촬영

버스 안에서 레깅스를 입은 여성의 하반신을 동영상으로 몰래 촬영한 남성이 무죄 선고를 받으면서 갑론을박이 있었던 적이 있다. 성폭력 범죄의 처벌 등에 관한 특례법(이하 성폭력 처벌법) 14조는 사람의 신체에 대해 성적 욕망 또는 수치심 유발을 위해 촬영할 때 죄를 물을 수 있다. 그러나 재판부는 레깅스가 일상적으로 활용되는 점과 몰래 촬영한 것이 피해자에게 불쾌감을 준 것은 맞지만 성적 수치심을 주었다고 보기에는 어렵다고 무죄 판결을 내렸다.

이제부터는 레깅스를 마음껏 입을 수 있다는 점에서 레깅스는 실내복 범주를 벗어났다. 재판부는 과거 미니스커트를 단속했던 시절을 소환하면서 레깅스를 입는 여성의 패션 경향을 잘(?) 읽고 있다. 문제는 성적 수치심 판단 여부이다. 상의가 일상복인 레깅스를 덮어서 수치심을 주지 않았기에 성범죄가 아니라고 판결했다. 해당 여성도 수치심을 느끼지 않았다고 했다.

물론 당사자는 성적 수치심을 느끼지 않을 수 있다. 레깅스가 수치심을 준다고 판단하지 않았기에 입고 다녔을 것이다. 정작 시끌시끌 의견이 많았던 이유는 '몰래 촬영한 것'에 대한 재판부의 판단에 있었다. 수치심을 주든 주지 않든 '남의 몸을 몰래' 촬영했다. 어깨든 엉덩이든, 레깅스를 입었든 츄리닝을 입었든 몰래 촬영했는데 이를 무시한 것이다.

재판부는 '몰래' 촬영한 것이 불쾌감을 줄 수 있다는 것도 인정했으나 성범죄가 아닌 이유는 성적 수치심으로 인정할 수 없다는 것이다. 재판부는 수치심을 자의적으로 판단했다. 우선 성폭력 처벌법 14조가 문제이지만 어떤 부위든 몰래 촬영되었다는 사실로 해당 여성이 성적 대상화의 '위치'에 놓인 점을 전혀 인식하지 못했다. 핵심은 불법 촬영을 당할 수 있는 위치를 이해하지 못하는 재판부의 인식에 있다.

이 사회는 '성적sexual'인 것에 대해 답이 정해져 있는 '답정' 사회이다. '몰래 찍혔다'가 중요한 것이 아니라 어떤 '부위(?)'인지에 따라 범죄 여부가 판단된다. 여성의 몸은 '부위'에 따라 수치심이 다르다는 것이다. 그러나 성기, 가슴, 엉덩이 등의 '성적' 부위도 상황에 따라 그 의미와 가치가 다르다.

'목욕탕에 화재가 나면 사람들은 어디를 가리고 나올 것인가'란 농담에 대한 여성의 답은 얼굴이다. 남성은 성기를 가리거나 아무데도 가리지 않고 나온다고 답한다. 이처럼 부끄럽다고 여기는 성적 부위는 성별, 연령, 상황 등에 따라 다르다. 부끄럽다고 인식하는 성기가 마음먹기에 따라 사랑하는 연인에게 혹은 산부인과 의사에게 보일 수 있는 것처럼 말이다.

식별 가능한 얼굴과 상황에 따라 어떠한 성적 언동은 의미가 있기도 하고 없기도 하다. 식별 가능한 유명 스타나 어린 여성의 불법 촬영물이 유포되는 이유이다. 남자아이의 기저귀를 갈 때 보이는 남자아이의 성기는 성적이라 판단하지 않는다. 하지만 이후 그 아이가 불편한 반응을 보일 수도 있지만 남자아이라서 중요하지 않았다. 이처럼 그 성적 부위에 대한 의미는 고정적이지 않다.

따라서 '몰래'한 촬영의 대상이 되었거나 될 수 있다는 것은 촬영 당한 입장에서는 부위와 관계없이 인격 침해이다. 또 촬영에 동의하였어도 촬영 대상자의 의사에 반한 유포_{비동의 유포도} 범죄이다. 혹 당사자가 괜찮다 하더라도 사회적으로 문제 있는 행위이다. 불평등한 성별 권력이 작동한 다양한 제도들이 자연스럽게 비가시화되면서 그것이 왜 부당한지를 인식하지 못할 수 있지만 말이다.

'성적인' 것은
성희롱으로
진정될 수 있다?

병무청이 실시하는 사회복무요원 양성평등 강의 내용이 언론에 비판적으로 적시된 적이 있다_{이데일리, "성매매는 남성 호르몬 때문, 고백은 배란기 때?", 2019.5.16.} 해당 강의를 들은 사회복무요원의 녹취록을 살펴보면 성적인 내용을 강의 자료로도 사용했다. 해당 강사는 성희롱 방지 교육에서 집중도를 높이기 위해 여성과 남성이 다르게 인식하는 성적 현실에 대해 재미있게 예시를 든 것이 왜 문제인지를 끝까지 이해하지 못한 것 같다. 또 다수 댓글은 성희롱 방지 교육이니 성적 언동을 예시로 들 수 있다고 주장한다. 모욕감을 느끼지 않았다는 수강생도 있을 수 있다.

그렇다면 성적인 자료를 강의 자료로 사용한 것이 문제일까? 아니면 그 자료를 해석한 관점과 방식이 문제일까? 듣는 입장에서는 문제를 인식할 수 없을지 몰라도 차별적 고정관념을 강조하는 것은 문제이다. 성차별적 고정관념을 당연하게 전제하면서 그것을 이해해야지 성범죄 등을 예방할 수 있다는 것은 성차별 교육이다. 이러한 강의가 성희롱일 수 있는 이유는 성적인 언급 때문이 아니라 성차별적 내용 때문이다.

역으로 필자 역시 성적 내용으로 강의했다고 성희롱으로 곤혹을 치른 적이 있다. 10년도 더 된 정말 오래된 사건이다. 모 기관 성폭력 방지 교육에서 1심 재판에서 무죄를 받은 사건을 예시로 들었다. 특정 종교의 수장이 아동들을 성추행한 사건으로 누가 봐도 명백한 증거가 있다고 말해지는데 그 수장이 무죄를 받았던 사건이다. 그 사건을 예시로 든 목적은 누가 어떤 관점에서 증거를 해석하는지에 따라 성폭력 사건 입증에 어려움을 겪는다는 점을 설명하기 위해서였다.

교육 장소에는 예시로 든 종교에 몸담고 있는 종사자가 교육을 받고 있었다. 그 교육생은 강의 중 종교 수장에 대한 성추행 언급으로 필자의 강의가 자신에게 성적으로 수치심을 주었다며 기관에 성희롱으로 진정했다. 강사와 수강생이라는 관계에서 강사의 성적 언동으로 수강생이 모욕감이나 수치심을 느끼면 성희롱으로 이해되는, 그 당시 수준에서 가능한 진정이었다. 당시 기관에서 필자에게 고지하지 않아 모르고 있다가 한참 이후에야 그 소식을 들었다.

다른 예도 있다. 공무원 대상 성희롱 예방 교육이었다. 더운 여름날 필자는 민소매에 일반적 형태의 여성 샌들을 신고 교육장에 갔다. 모 지방에서 온 한 교육생이, 강사의 옷차림이 불경스럽다고 자신이 모욕당했다며 성희롱을 당했다는 불만을 토로하기도 했다. (그 뒤로 필자는 공무원 대상 강의에 갈 때면 옷차림에 조금 신경을 쓴다. 위 공무원의 의견에 100% 동의해서가 아니라 불필요한 논쟁에 시간을 쓰고 싶지 않아서이다.)

또 모 대학 로스쿨 법과대학 성희롱 방지 교육에서 비슷한 경험을 했다. 교수 입장에서 이러한 교육을 받는 것이 불편했을까? 교육 중 교수 한 명이 갑자기 손을 들고는 전기밥통, 세탁기 등의 전자 제품을 예시로 들며 '요즘 여성들은 너무 편한 삶을 살고 있다'고 세상을 모르는 젊은 강사로 필자를 매도했다. 본인은 성 관련 범죄를 법정에서 많이 다룬 전관 출신으로 이러한 강의가 엉터리라는 주장이었다.

성차별적 현실에서 성희롱이 발생한다는 것을 설명하는 강사에 대해 변화하는 현실과 이론으로 반론한 것이 아니었다. 전관 출신 로스쿨 교수라는 지위와 젊은 강사라는 지위에서 발생하는 권력 차에서 이러한 저항이 생겼다. 필자는 굴하지 않고 성희롱 발생 맥락과 성차별 구조에 대해 설명했다.

그 교수는 저항의 표시로 도시락을 먹기 시작했다. 필자는 교육장을 박차고 나가고 싶은 마음을 누르며 강의를 마무리했다. 필자는 '여성' 강사로서 심한 모욕을 경험하며 성희롱당한 느낌이었으나, 오히려 그 교수가 자신이 성희롱을 당했다며 문제를 제기했다.

이처럼 강사의 옷차림에서부터 교육 내용까지 특정 '성적 sexual'언동이 자신의 마음에 들지 않아 불쾌했다면 이를 성희롱이라고 볼 수 있을까? 성희롱을 규제하는 목적이 성적 언동 제재를 위함이었던가? 필자는 당시 성희롱 행위자로 민원을 당하면서 성희롱의 구성요건에 대해 많이 고민했다.

이처럼 성희롱 포함 성범죄는 그것이 성적 언동인지 아닌지에 목숨을 건다. 신체 부위나 행동에 따라 성적인 것이 정해져 있다는 전제이다. 어떠한 성적 언동은 공식적으로 드러나면 안 된다. 이때 적절과 부적절의 기준은 사회적인 합리성으로 판단되기도 하지만 '합리성' 여부는 계속 경합 중이다. 1970년대에는 길거리에서 키스하는 것을 부적절하다 여겨졌지만 2020년에는 키스하는 젊은이를 두고 누구도 질책하지 않는다. 다음 언동에서 어떤 것이 언어 성희롱일까?

꽃 보고 자위나 하시죠.
성매매는 성욕구를 채운다.
아나운서는 다 줘야 한다.
기혼 국회의원은 집으로 돌아가야 한다.

그렇다면
막말과 성적 대화 사이에서

막말이란 '나오는 대로 함부로 하거나 속되게 말함, 또는 그렇게 하는 말'이란 뜻이다. 물론 막말이 다 성희롱이 되는 것은 아니다. 예를 들어 조직 내에서 '그것들 그만 우려먹어, 자식 팔아 돈 벌고…' 등은 모욕적인 막말이다. 그러나 성희롱은 아니다. 성차별적 대화, '아줌마들은 집으로 가세요. 신성한 국회에서 떠나야 합니다.' 등은 성차별적인 막말이다. 필자는 성희롱이라 생각하지만 판결에서는 성희롱이 아니라고 한다.

'여자들은 왜 그런지 몰라.' '아이 안 낳는 여자들은 다 쓸어버려.' '못생긴 여자가 더 지랄.' 이는 막말이며 성희롱일 수 있다. 물론 남성 집단을 비하하여 '돈 못 버는 남편들 밤에만 밝히니 밥해 주기도 싫다.'는 일명 '삼식이 시리즈' 등도 막말이며 맥락에 따라 성희롱이 될 수도 있다.

반면 성적 대화의 내용은 천차만별이다. 상대방의 외모나 옷차림 언급에서부터 각각의 직접/간접적인 성적 경험 여부까지 다양할 수 있다. 때로는 다 알고 있는 공인이나 연예인 등에 대한 성적 스타일이나 연애 관계 등에 대해서도 언급할 수 있다. 또 영화나 소설 등의 성적 내용을 토론할 수 있다. 혹은 최근 발생한 성폭력 사건에 대해서도 언급할 수 있다. 성적 농담에서부터 대화까지 성 관련 내용은 다양하다.

A 난 '현빈'같은 직원과 일하고 싶어. 그러면 일을 더 잘할 수 있을 것 같아.
B 너 몸매 관리를 어떻게 하는 거야. 살 좀 빼야겠다. 애인이 도망가겠다.
C 드라마 봤어? 키스하는 게 장난이 아니야. 연기하다 정말 연애하겠더라.
   진짜 같아. 혹 사귀는 거 아니야? 너도 그런 키스해 봤어?
D 혹시 콘돔 안 하고 섹스하는 건 아니겠지? 너 요즘도 개랑 섹스해? 외롭다.
   나도 섹스하고 싶다.

성적 대화는 예시를 들 수 없을 정도로 많다. 이상의 예시들은 다 성희롱일까? 내가 불쾌하고 모욕감을 느끼면 성희롱인가? 나는 왜 굴욕적이고 모욕감을 느꼈을까? '김 대리는 재미있다는데 나는 앞뒤로 막힌 건지, 예민한 건지…' 이렇다면 내게는 성희롱이고 김 대리에게는 성희롱이 아닌 것인가? 그렇다면 사람에 따라 대화 내용이 달라져야 하는 걸까?

물론 성적 대화를 할 때에는 장소와 시간 그리고 관계를 고려해야 한다. 언제 어디서 누구와 대화하는지에 따라 같은 내용도 의미가 달라질 수 있다. 친한 친구, 직장 동료, 부하 직원들에 따라서 그 수위나 내용 그리고 의미가 달라진다. 따라서 모든 성적 대화가 다 성희롱인 것은 아니다. 하지만 상황에 따라 때때로 성희롱이 될 수도 있다는 것을 염두에 두어야 한다.

아카데미 각본상, 남우조연상을 받았고 많은 영화평론가도 추천하는 영화 〈굿 윌 헌팅〉에서 5명이 모인 술집에서 하버드생 여성이 성적인 농담을 한다. 단어 사용이나 내용이 사람에 따라서는 불편할 수 있다. 그러나 영화에서 그 대화를 성희롱으로 생각하지 않는 것처럼 어떤 장소, 어떤 관계에서 어떤 내용을 어떻게 전달하고 해석했는지가 중요하다.

예를 들어 상사가 결재를 하던 중 직원에게 '나는 가슴 큰 여성이 좋더라. 영애씨도 수술을 고려해 본 적 있어?'라는 질문을 갑자기 혹은 상습적으로 했다면 이것은 성희롱이 될 수 있다. 상사가 자신의 성적 선호를 평소에도 자주 밝히며 상대방에게 사적인 의견을 묻는 것은 상대방에게 적절하지 않으며 이러한 내용을 물을 수 있다는 것이 상대방을 '낮은' 위치로 간주하기 때문이다. 물론 상사는 친밀하게 생각해서 물어봤다고 진술할 수 있지만 상대방은 상사와 친밀한 관계가 아닐 수 있다. '수술 고려한 적 없습니다. 과장님 그건 적절하지 않는 질문입니다'라고 답할 수도 있다. 하지만 이는 부하 직원으로서 쉽게 할 수 있는 말이 아니다.

또 상호 신뢰감이 있는 애인 관계나 직장 혹은 친구 관계에서 이런 대화를 했다면 성희롱이라고 할 수 없다. (물론 상대방이 다음날 성희롱으로 신고할 수도 있겠지만 이것이 성희롱인지 아닌지는 맥락에 따라 추가적인 토론의 여지가 있다). 그렇다면 성희롱 판단 여부는 그 언동이 발생하는 공간이나 관계의 친밀성에 반비례하는가? 하는 의문이 따라붙는데, 대체로 그렇다고 간주되나 역시 항상 그렇지만도 않다.

아무리 친밀한 관계라 해도 부하 직원에게 성차별적 성적 평가, 성차별적인 언동을 했다면 성희롱이 될 수도 있다. 직장 휴식시간에 '이 대리는 그 얼굴로 왜 여기서 일해.' '남자 많이 울렸겠어.' '역시 여자는 얼굴이 최고야.' 이러한 언술은 특정 성별에 대한 성차별적인 성희롱이다.

무조건
성적 대화를 하지 말라는 것이
아니다

필자는 '엉덩이 큰 여자가 좋더라'라는 의견을 성희롱이라고 생각하지는 않는다. 그러나 이 말을 한 맥락과 장소에 따라 특정 성별의 가치를 평가한다면 성희롱이 될 수 있다. '역시 엉덩이 큰 여자가 인기지요. 여자는 엉덩이가 커야 섹시하고 애도 잘 낳는다' 등의 부럽다는 표현을 넘어 가치평가를 한다면 친구들끼리의 대화 혹은 성형외과 의사와 고객의 대화라 할지라도 성희롱의 가능성이 있다.

조직 내에서 '철용이는 가슴 큰 여자를 좋아하더니 신입 지은이랑 사귄다며?' '철용이는 지은이 가슴 성형한 거 몰라?' '지은이가 가슴은 크지.' 등 이러한 상황에서 지은은 자신의 가슴 관련 대화를 자신이 없는 상태에서 했다는 점에서 철용보다 성희롱이라고 느낄 수 있다(물론 지은이 이 사실을 알기는 어렵다). 친밀한 관계라 할지라도 특정인의 신체 평가나 성적 소문 유포 등을 통해 특정인을 아무 말이나 할 수 있는 성적 대상으로 소환했기 때문에 이는 모욕적이다. 특정 성별을 어떻게 대우하고 평가하는지가 문제이다.

그렇다면 지은이가 왜 철용보다 모욕감을 느끼는지 다음

예시들을 살펴보자.

A 철용이는 가슴 큰 여자를 좋아하더니 신입 지은이랑 사귄다며? 지은이 가슴 성형한 거 몰라? 죽여주는 가슴, 철용이 부럽다.
→ 철용과 지은 중 누가 불쾌할까? 문제라면 왜 문제인가?
B 지은이는 가슴 큰 남자를 좋아하더니 신입 철용이랑 사귄다며? 철용이 가슴 성형한 거 몰라? 죽여주는 가슴, 지은이 부럽다.
→ 철용과 지은 중 누가 불쾌할까? 문제라면 왜 문제인가?
C 지은이는 성기 큰 남자를 좋아하더니 신입 철용이랑 사귄다며? 철용이 성기 성형한 거 몰라? 죽여주는 성기, 지은이 부럽다.
→ 철용과 지은 중 누가 불쾌할까? 문제라면 왜 문제인가?

그러나 A에서 성별만 변경한 B에서는 성적인 의미가 전달되지 않는다. 여성이 가슴유방 큰 남성을 좋아하는 경우는 일반적이지 않기 때문이다. 좋아하더라도 그 의미는 달라진다. C에서는 성기 관련 언급을 당한 철용보다 지은이 더 불편할 수 있다(최근 한 연예인 사건으로 쟁점이 된, '벗은 남자와 옷 입은 여자 사진'을 그 남성이 유포했다면 여성이 옷을 입든 안 입든 벗은 남자와 같이 있는 사진이라서 불편할 수 있다). 성적인 것이 문화적이고 관습적이라는 반증이다. 물론 이러한 관습이 의미 그대로 모든 사람에게 전달되는 것은 아니다. 지은은 큰 가슴을 자랑스럽게 생각할 수도 있기 때문이다. 이처럼 성적 대화를 하는 것과 성희롱하는 것은 다를 수 있다. 만약 성희롱으로 판단하려면 특정 선호를 넘어서 특정 성별에 대한 차별적 가치 등을 강화하거나 모욕을 주었다 등의 맥락을 찾아야 한다.

현실에서는 '가슴 큰 여성'과 '키 큰 여성'에 대해 대화할 때에 여성의 가슴과 키에 대한 성적 의미가 다르게 부여하고/부여되고 있기에 주의해야 한다. 키와는 다르게 가슴이나 성기는 성적인 의미로 생각하는 경향이 있기에 직장에서는 금지 단어이다. 만약 업무 중 또는 업무와 연관되어 성적 대화를 했더라도 당사자의 문제 제기에 의해 언어 성희롱으로 인정될 수도 있다. 성적 의견이라 할지라도 현재 한국 사회에서 제재되는 언동들이기 때문이다.

그 결과 엉덩이 이야기는 성희롱이 될 수 있으나 어깨 이야기는 성희롱이 아니라고 귀결되기도 한다. 레깅스 무죄 사건처럼 성적 부위가 아니면 몰래 촬영한 것일지라도 성범죄가 아니다. 그러다 보니 '큰 가슴이 좋더라.' '요즘 섹스해 봤어? 섹스하고 싶다.' 등과 같은 성적 대화를 불쾌하다고 문제 삼는다면 성희롱이 된다. 이렇다 보니 성적 대화를 안 하는 것이 상책이다.

그러나 성희롱은 성적 언동 여부로 판단하기보다 상대방을 성차별적, 모욕적, 억울한 위치에 놓았는지 아닌지의 여부, 그리고 그 언동으로 인한 조직 내의 차별 지속 강화 여부 등으로 판단해야 한다. 예를 들어 친밀한 40대 여성 동료끼리 '섹스해 봤어?' '이제까지 섹스도 못해보고 뭐한 거야?'라는 성적 질문이 성희롱이 되려면, 상습성·지속성 이외에 섹스와는 담을 쌓고 사는 사람을 비하하기 위한 것이 되어야 한다.

섹스도 하지 못할 것 같은 사람으로 비하하여 질문한 사례처럼 상대방을 어떤 위치의 사람으로 대우했는지가 중요하다. 상대방을 차별적인 그리고 하찮은 대상으로 위치시켰다면 그래서 업무에서 왕따시키거나 비웃었다면 성희롱일 수 있기 때문이다.

성적 언동의 내용이나 수준보다 더 중요하게 검토해야 할 것은 서로 간 어떠한 관계인지, 그 관계의 평등성에 대한 맥락적 판단, 또는 행위자의 습관, 태도, 통념 등 인식과 상황이다. 현재까지 여성가족부의 성희롱 판단기준은 가해자의 의도가 아닌 피해자가 느끼는 성적 굴욕감과 혐오감이다. 그러나 필자는 행위자의 즐기려는 의도, 무시하는 의도 등 그 의도도 중요하게 고려해야 한다고 주장한다.[12]

현재는 피해자 관점이라는 전제 아래 당사자의 수용성을 크게 고려하고 있다. '그런 사적이고 천박한 질문을 어떻게 나에게 할 수 있어? 나는 그러한 질문을 받을 수 없어'라는 수용성 여부에 의해 판단된다. 그러나 권력 관계가 있다 할지라도 그 권력을 인정하는 조직 내에서 어떠한 성적 언동은 수용 가능하다. 상대방을 차별적이고 하찮은 위치에 놓지 않는, 인격적·성적으로 대등한 관계라면 성적 언동도 할 수 있다. 그래서 친밀한 사이이거나 의료 관계에서는 '섹스해 보았나요?' 등의 성적인 대화가 가능해진다. 또 직장 구성원 간 깊은 신뢰 아래 성적 대화가 상호 공유된다면 상사의 성적 의견은 모욕적이지 않을 수 있다. 이처럼 수용성은 대상자가 누구인지, 어떠한 맥락인지에 따라 달라

---

12   여성부, 〈여성의 인권존중을 위한 따뜻한 배려〉 참고. 발간 연도가 명시되어 있지 않지만 '여성부' 명기나 전국해바라기센터 10개소가 만들어졌을 시기에 만든 지침서로 현 지침과 비교하여 큰 차이는 없다.

지기 때문에 합리적이지 않다. 또 정치적 의도에 따라 얼마든지 설계 가능하기도 하다

그래서 국회의원이라는 평등한 동료 관계라 할지라도 남성 의원이 여성 의원에게 '신성한 국회에서 떠나 아이나 돌보라'라는 언동은 성차별적으로 모욕적이라 (당사자가 수용했다 할지라도) 이 사회는 수용할 수 없다. 또한 평등하지 않는 관계에서 레깅스 불법 촬영도 성차별적으로 모욕적이라 (당사자가 수용했다 할지라도) 수용할 수 없다. 이외 수많은 성희롱도 당사자의 수용성이 아니라 사회적인 수용성, 합리성을 봐야 한다. 이는 행위자의 의도성, 그 맥락을 차별과 인권의 관점에서 해석할 때 판단 가능하다.

물론 상대방의 섹스 여부를 누구도 물을 수 없다. 불쾌할 수도 있다. 그러나 불쾌하다고 해서 동료들끼리 한 대화가 성희롱이 될 수 있는 것은 아니다. 동시에 직장에서는 '성적 언동이 뭐 그리 대수냐?' '즐기는 여성도 많거든' '별것 아니니 무시해라'라고 강권할 수도 없다. 그 성적 언동을 즐길지 말지, 상대방을 어떻게 대우하고 있는지, 조직이나 관계에 대한 사회적 수용성과 합리적 평등성 안에서 성 인지적으로 판단하는 훈련을 해야 한다. 그 훈련이 없다면 그 누구도 성적 대화를 강권할 수 없다.

성적인 것은 특정 입장과 관점에 따라 다르다. 성별, 계급, 지역 등에 따라 다르며 지속적으로 변화하고 있다. 동시에 성차별에 대한 감수성도 변화하고 있다. 이러한 감수성은 갑자기 생기는 것이 아니라 다양한 상황을 고려하면서 타인의 생각을 합

리적으로 듣고 말하는 훈련을 통해 함양될 수 있다.

그러므로 시간과 장소에 맞게 대화하는 훈련을 해야 한다. 아무 때나 하고 싶은 대로 말하면 그야말로 '막말'이다. 막말은 관계를 고려하지 않는, 그 위치에 적합하지 않은 무식하고 품격 없는 대화이다. 그러나 무식하고 품격 없는 막말이 항상 성희롱인 것 또한 아니다.

토론 1 ― 직장에서 성적 대화 시작하기: 단 직장에서 위계 관계가 있다면 성적 대화하기 전 상호 동의와 약속이 있어야 할 것이다. 이 약속은 집단마다 상황에 맞게 동의하여 만들 수 있다.

> 우리 서로 이야기합시다.
> 대체 성적인 것이 무엇이라 생각하세요?
> 왜 성적인 이야기는 재미있을까요?
> 재미없다면 왜 재미없지요?
> 오늘은 내 주변에서 생각하는 것들을 확인해 봐요.
> 그리고 나도 그러한지 비교해 봐요.
> 그러다 보면 자신의 욕망에 대해서 솔직하게 나눌 수 있어요. 그렇게 서로를 알아갑시다. 그러나 준비가 되어 있지 않다면 참석하지 않아도 좋아요.

토론 2 ― 모든 성적 대화를 제재할 것인가? 왜 성적 대화가 문제인지를 자신의 경험에서 찾아보자. 다음의 예시들은 언론이나 강의장에서 질문으로 자주 등장하여 인용한다. 단 맥락 설명 없이 거칠게 표현하여 불쾌할 수 있다.

> 내 마음(욕망)인데요.: 나는 예쁜 여자가 아니면 같이 잘 수 없어요.
> 현실 팩트인데요.: 배란기 때 여성들이 예민해져서 신경질이 많아져요.
> 주변 경험인데요.: 여자들이 잠을 많이 자면 피부가 좋아지고 성감도 좋아진다고…
> 비난하지 않았는데요.: 예쁘다고 칭찬했어요.
> 비교하지 않았는데요.: 사실을 비교하지 않고 비만이라고 생각되어 말했어요.

토론 3 ― 상호 공감하며 성적으로 서로를 알아가는 방법

내가 선호하는 상대방에 대한 통념, 다양한 성적 언동에 대해 가상 경험 예상하기 등 다양하게 공감하고 다시 생각하고 행동하기 훈련을 할 수 있다. 단 상대방을 판단, 비난, 비판, 조언하기보다 왜 그러한 생각을 하게 되었는지, 언제 하게 되었는지, 그러한 행동을 한 적이 있는지 그렇다면 왜 그랬는지를 작은 토론회를 통해 인식과 행동의 변화를 유도할 수 있다. 다음의 예시들은 성희롱 예방교육이나 컨설팅을 통해 수집된 사례들이다. 자신의 경험이나 주변의 경험을 통해 무엇이 문제인지를 자주 이야기해 보자. 주제는 무궁무진하다.

주제	통념?	다른 생각?	왜?
(성적) 선호	나는 가슴 (다른 예시 가능) 큰 여성/남성이 좋다.	나는 가슴 작은 여성이 섹시하다. 나는 가슴에 관심 없다.	성적 선호는 사람마다 다르다. 누구는 사람을 볼 때 손과 귀를 본다. 좋아하는 손을 가진 사람을 보면 가슴이 뛴다.
힘과 능력 (성역할)	나는 힘센 여성/ 남성이 좋다.	여성도 힘을 길러야 한다. 남성이 집안일을 해야 하는 것처럼.	여성도 기본적인 집수리, 기술에 대해 관심을 가져 보자. 기술에 관심 있는 여성도 은근히 많다. 유명한 요리사가 남성인 것처럼.
키	나는 키 큰 여성/ 남성이 좋다.	키 큰 연예인이 좋지만 내가 사랑 하는 사람은 키가 크지 않아도 좋다.	키에 대한 환상이 있다. 키 큰 사람이 왜 멋있을까? 능력 있어 보이기 때문이다. 연애할 때는 외모가 보기 좋은 사람을 선택한다. 그러나 그것만이 기준이 되거나 키 작은 사람을 비하해서는 안된다.
돈	나는 돈 많은 여성/ 남성이 좋다.	돈 없이도 행복한 일은 있다.	자본주의 사회에서 돈은 편리함, 능력, 풍요로움 등 많은 것을 선사한다. 그러나 그 돈을 벌기 위해 보이지 않는 너무도 많은 것을 희생해야 한다. 조금 벌더라도 각자가 하고 싶은 것을 하는 것도 멋지다.
미모	예쁜/잘생긴 여성/남성은 이유 없이 좋다.	오래 사귀다 보면 미모는 상대적인 것이 된다.	미모보다 매력적인 다른 것을 찾는다. 그리고 자꾸 말한다. 게임, 드라마, 영화 등 비판적 말하기, 쓰기, 만들기가 필요하다.
분위기	성적 대화는 분위기를 좋게 한다.	성적 대화가 때로 불쾌할 때도 있다.	상황에 따라 의미가 달라지듯 성적 대화도 마찬가지이다. 친밀성이나 분위기에 따라 대화할 수 있다. 그러나 차별이나 혐오적 발언, 상대의 성적 경험에 대한 평가는 대화의 품격을 하락시킨다.

주제	통념?	다른 생각?	왜?
성적 접촉	프리허그 등 성적 접촉을 할 수도 있다.	접촉이 상대방을 불쾌하게 할 수 있다.	만약 실수였다면 신속하게 사과하고 실수인지 몰랐을 경우 상대방이 항의하면 정말 몰랐다고, 즉각 진정성을 갖고 사과한다.
성희롱 신고인	(여자들) 스스로도 즐겼으면서 갑자기 피해로 신고한다.	상황을 즐긴 것으로 보일 수 있다. 또 그때는 잘 몰라서 즐길 수 있지만 이후 다양한 교육을 통해 문제의식을 가질 수 있다.	공적인 자리에서 불쾌한 감정을 노출하거나 토로하는 것은 쉽지 않다. 그러나 문제화할 기회가 생기면 신고할 수 있고, 때로는 넘어갈 수도 있고 몇 년 후 문제화할 수 있다. 문제는 그 행위다. 물론 즐긴 후 신고한 것으로 보일 수 있지만 즐긴 척해도 그 행위가 면제되는 것이 아니다.

3장

여자가 문제이니 우리끼리 즐긴다?:
펜스룰이 문제인 이유

여자는 정말 위험한가? 누구에게 위험인가? 또 위험한 집단을 피함으로써 성희롱이 방지되는 가? 동료로서가 아닌 자신이 속한 집단 구성원과 다르게 '특별하게' 대우하는 결과가 성희롱이다. 집단의 동질성을 과잉 신뢰하며 차이를 인지하지 못하면 결과적으로 타인과의 소통은 갈수록 어려워진다. 타인에게 해를 끼치지 않는다면 뜻이 맞는 집단 안에서 무엇을 하든 자유라고 생각한다. 그러다 보니 성희롱을 피하기 위해 트러블 메이커가 없는 자신들만의 공간에서 놀기를 원하는 사람이 많아지고 있다. 이것은 성희롱 방지 차원에서 남성 집단뿐만 아니라 여성 집단에서도 마찬가지이다. 배타적이고 폐쇄적인 집단에서 끼리끼리 놀다 보면 성희롱적 언동이 발각될 리 없다고 믿는다. 그러나 동질적인 집단이라고 여겨 마음껏 놀았던 그 내부에 집단의 생각과는 다른 '이방인'이 숨어 있을 수 있다.

배려와
배제 사이에서

모 공공기관에서 근무 중인 A팀장은 상위 부처와의 회의에 참석하였는데, 본인을 제외하고 모두 남성이었다. 그런데 타 부처 서기관이 다른 모든 참석자와 악수를 하다가 A팀장 앞에 서더니 손을 내밀었다가 다시 집어넣고 목례만 하고 지나갔다. 서기관은 여성인 팀장을 '배려'해서 한 행동이지만 A팀장은 그 자리에 산하기관 팀장으로 참석한 것인데 '배제'당하는 기분이 들어 불쾌했다.

2000년대 중반 고위직 성희롱 방지 교육 이후 한 대표가 한 말을 잊을 수 없다. '앞으로 여성들을 정말 조심해야겠어요. 출장도 조심하고. 아무래도 술자리 회식은 안 하는 게 상책이겠죠? 여자들도 집에 빨리 가는 것을 좋아하니 서로 잘된 일이죠.' 이러한 의견은 여성 배려인가? 아니면 여성 배제인가? 바로 이러한 언동이 성희롱이다. 여성 '배려'를 가장한 여성 '배제'를 선택할 수 있는 권력이 성희롱을 가능하게 한다.

열심히 강의한다고 했지만 당시 필자의 강의는 실패였다. 왜 실패했을까? 성희롱 방지 교육을 받은 그 대표는 왜 여성 배제를 생각했을까? 여성은 정말 피해야 하는 요물인가? 아니면 즐겁게 놀다 버릴 수 있는 대상인가? 부끄럽지도 않은지 너무 자연스럽게 자신이 변화할 생각보다 남 탓을 한다. 난 아직도 그 대표의 진지한 표정과 대화를 잊을 수 없다.

최근 상품화, 사물화, 비인격화의 언동이 2019년 모 대학의 '대신 전해 드립니다' 페이스북 페이지에서 공식적으로 드러났다. 전 남자친구 A가 현재 남자친구 B에게 보낸 메시지를 올리며 법적으로 책임을 물을 수 없는지를 물었다. A가 B에게 보낸 내용은 이렇다. "×××남자친구시죠? 깨끗하게 잘 썼습니다."

이데일리, "'전남친이 지를 깨끗하게 잘 썼대요' 사연에 '당해도 싸다?'", 2019.5.12.

2000년대 중반에 경험했던 여성 배제 상황은 2019년에도 여전히 이뤄지고 있고, 다른 버전으로 진화하고 있다. 위 기사의 경우, 노트북 등의 물건에 대한 메시지였다면 배려 있는 행동이었을 것이다. 하지만 위 메시지에 여자라는 목적어를 넣으면 상황은 성적 대상화를 통한 남자들끼리의 여성 배제, 학내 성희롱 사건이 될 수도 있다.

(여자를) 깨끗하게 잘 썼다는 것은 아무리 이해하려 해도 이해할 수 없는 비문이다. 첫째, '깨끗하게' 사용한다는 것은 대개 물건, 방 등에 쓰는 형용사로 사람에게 사용할 때는 '몸을 깨끗하게 씻는다.' 정도이다. 사람은 깨끗하게 잘 쓸 수 없다. 둘째, 상대방 여성을 깨끗하게 사용했다는 남자들끼리의 메시지 전달은 자신들의 공간에서 여성의 소유권은 여전히 남자라는 것을 의미한다. 셋째, 젊은 여성을 '깨끗하게' 썼다는 메시지는 폭력적 성애화이다. 성적으로 문제 있다고 생각되는 여성을 '더럽다' 내지는 '걸레'라는 표현으로 비난하기 때문이다.

성적으로 문제 있는 여성은 '허락받은' 한 남자 외에 다른 남자와 관계를 하지 않은, 정조를 지키지 않는 여성이다. 물론 허락의 주체는 가부장의 아버지, 오빠에서 '나'라는 개인으로 변화했다. 그러나 여전히 한 파트너 외에는 다른 남자와 배타적 관계를 유지해야 한다. 그렇지 않으면 여자의 섹슈얼리티는 언제나 더럽다고 평가받는다.[13] 그래서 여성의 몸에 대한 소유권을 가졌다고 생각하는 남성은 여자를 깨끗하게 잘 사용하고 돌려줬다는 발상을 할 수 있는 것이다.

[13]　이외에도 더럽다고 간주되는 성적 실천은 또 있다. 게일 러빈(1975)은 개인들의 성적 실천을 성적 위계로 설명하고 있다. 어떠한 성적 실천만을 인정하는지를 밝히면 그 사회의 성적 위계를 파악할 수 있다. 다음 그림을 참조하여 한국 사회에서 정상이라고 간주되는 성적 실천을 분석해보자. (미미 마리누치(2018), 권유경·김은주 역, 『페미니즘을 퀴어링!』, 봄알람, 161쪽 참고)

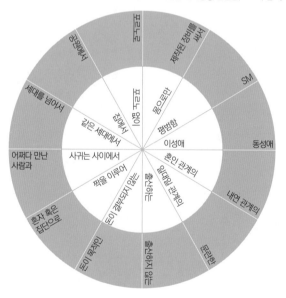

그들만의
성적 놀이와
펜스룰

　단톡방에서의 성적 대화가 큰 사회 문제가 되고 있다. 얼마 전 '텔레그램 n번방 성착취 불법영상물 거래사건'이 터졌다. 이는 소라넷 행위자를 솜방망이 처벌할 때부터 예견되었던 참사였다. 국민청원 400만 명 이상의 분노로 많은 정책이 발표되고 있지만 성차별적인 혐오가 거래되는 사회가 근본적으로 변화되지 않는다면 또 다른 n번방 사건이 발생할 것이다.

　텔레그램 성착취 불법영상물 거래사건 이전에도 같은 대학교 여학생의 외모를 비하하는 막말과 신체를 대상으로 한 발언, 교생 실습에서 담당했던 초등학생을 사회악으로 표현하는 등 단톡방에서 이뤄진 다섯 남학생의 폭언 사건도 있었다. 놀라운 것은 이것이 예외적이거나 돌출적인 사건이 아니라 '사적' 모임에서 일상적으로 쉽게 은밀하게 그러나 그 모임 사람들은 다 알게 행해지고 있는 놀이라는 것이다. 특히 예비 교사를 양성하는 교대에서 이러한 내용이 비공개적으로 공유되거나 디지털 기술을 활용한 미성년자 피해 촬영물 제작, 유포, 확산, 거래된다는 것은 인권과 성에 대한 왜곡되고 폭력적인 인식이 어린 학생들에게 전가될 수 있다는 사실에 책임이 무거울 수밖에 없다.

　행위자 입장에서 뜻이 맞는 집단 놀이는, 앞으로 법에서 발각되지 않을 수위로 더 적극적으로 은밀하게 행해지거나 디지

털 기술을 활용하여 음지에서 거래, 발전될 수 있다. 뜻이 맞는 사람들끼리 그 안에서 무엇을 하든 자유라고도 생각할 수 있다. 성적 대화도 할 수 있다. 성인이니 야(?)하게 놀 수도 있다. 타인에게 해를 끼치지 않는다는 전제에서 그들은 즐거울 것이다. 문제는 이러한 언동들이 해를 끼치지 않는다고 '누가 판단하는가'이다. '무엇을 하든' 괜찮지 않다. 무인도가 아니기 때문이다. 또 특정 집단구성원은 다 알고 있는, 누구에게만 비밀인 사건은 꼭 발각되기 마련이다.

일단 폭력 피해 영상물을 공유·유포하면서 특정 성별을 차별적으로 언급하며 혐오하고 대상화하고 거래한다는 것은 범죄[14]이다. 범죄이어서 문제이기도 하지만 (혹 범죄로 발각되고 처벌되지 않더라도) '우리'끼리 즐겁게 놀아도 문제가 될 수 있다. 놀이 내용이 모방되고 확산될 수 있으며 특정 개인 또는 특정 집단을 '놀이 대상'으로 혐오·차별을 지속하기 때문이다. 나와 다른 대상이라 특별한 죄의식을 느끼지 않는다 할지라도 그러한 문화는 무의식적으로 자신의 몸 안에 스며들어 중독이 된다.

직장 내에서 특정 집단하고만 즐겁게 논다면 다른 집단을 분리, 왕따 시켜 건강한 조직을 유지하기가 어렵다. 누가 누구랑 어떻게 그리고 왜 그렇게 놀았는지 그 행위가 조직 내에 부정적 영향을 줄 수 있다. 특히 대중은 그들이 예비 교사라는 신분과 지위, 초등학교 교사로서 그들이 미칠 영향력 때문에 분노했다.

---

14   성폭력 범죄의 처벌 등에 관한 특례법 제14조 위반(카메라 등 이용 촬영) 등의 혐의이다. 그 외 텔레그램 n번방 성착취 불법영상물 거래사건 피의자 조주빈의 혐의는 수없이 많다.

또 텔레그램도 누구나 사용할 수 있는 플랫폼이기 때문에 경악했다.

필자는 위 초등학교 예비 교사 단톡방 사례뿐 아니라 조직 내에서 작은 동아리, 특별히 친한 소모임 등의 집단적 놀이 문화의 심각성을 문제화한다. 최근 언론에 드러난 것만 보더라도 기자들, 예비 교사들, 연예인들이 특정 성별을 제외하면서 자기들만의 배타적인 문화, 더 나아가면 범죄를 공유한다. '나', '우리' 모임과 생각이 다른 자들은 트러블 메이커가 될 수 있기 때문에 끼워 주지 않는다. 이것이 펜스룰[15]이다.

트러블 메이커를 처음부터 걸러내 자기 조직을 배타적으로 튼튼하게 만드는 것이다. 해당 조직에서 살아남으려면 조직 충성도는 기본이다. 이처럼 조직 내 집단적 무리를 이루어 '나(우리)'와 다른 집단이나 특정 성별을 배제하면서 집단 문화를 이루는 펜스룰의 지속은 심각하다. 그런데 성희롱 해결이 펜스룰이라니, 이 기막힌 생각은 어디에서 기인하는 것일까? 2000년대에는 없었던 단어였던 펜스룰, 앞서 봤던 대표의 그 충격적인 의견이 현재 대중화되고 있다.

---

15   펜스룰은 2002년 마이크 펜스 미국 부통령이 '아내 외의 여자와는 절대로 단둘이 식사하지 않는다'라고 말한 발언에서 유래된 용어로 '펜스의 지침(룰)'을 가리킨다. 펜스는 울타리(fence)와 비슷한 발음이기도 하다. 울타리는 배타적 문화를 의미한다.

우리끼리 놀이가
문제라고
생각하지 않는다

　단톡방에서 '즐거운 놀이'를 행사하는 그들을 인터뷰하면서 새롭게 얻은 지식은, 그들은 그것이 왜 문제인지를 전혀 알지 못한다는 사실이다. 특히 자신들이 서로 동의한 공간에서 상대방에게 해를 끼치지 않는데 무엇이 문제인지 이해하지 못했다. 자신들은 위력을 쓰는 위계적인 위치에 있지 않고 그러한 놀이가 폭력이라고 인지하지 않았다. 힘 있는 자가 힘없는 자에게 행사하는 것이 권력이고 특히 성폭력은 힘 있는 자가 힘없는 자에게 난폭하게 (동의하지 않고) 성적으로 마음대로 하는 것인데 자신들은 그렇지 않다는 것이다.

> "이것은 그냥 단순한 놀이예요. 우리끼리 공유하고 우리끼리의 비밀인데 왜 문제가 되는지 모르겠어요. 혼자서 상상하는 것이 죄가 되지 않는 것처럼 7명이 함께 노는 것인데 괜히 펜스룰이네 뭐네 하면서 시끄러운데 우리는 언제나 이렇게 우리끼리 놀았어요." (30세 학원 강사)

> "들킨 것이 문제이지요. 들키지 않은 이러한 단톡방이 많은 것으로 알고 있어요. 어디까지가 문제이고 범죄인 것인지⋯ 물론 불법 촬영하고 강간하는 놈들은 '찌질'하고 멍청한 것들이고⋯ 아니, 여자애들 몸매 이야기한 것이 범죄인가요? 여자들

도 남자 평가하는 것처럼 우리도 하는 것인데… 솔직히 쫙 빠진 애들이 멋진 것은 사실이잖아요… 비키니 입고 몸매 자랑하는 것도 여자들이 원하는 것 아닌가요?" (31세 회사원)

최근의 단톡방 사례나 언론에 알려진 성희롱 사건에 대해 남성들의 생각이 다 같지는 않겠지만 대체로 현재 성희롱 규제에 대해 불만이 많았다. 펜스룰이 문제라고 생각하는 남성은 많지 않았으며 '우리'만의 단톡방에서 펜스룰로 여성을 '보호'한 '재미있는 놀이'가 잘못된 것이라는 점을 믿을 수 없어 했다.

어떤 집단을 배제펜스룰하면서 배타적으로 놀고 즐기기 때문에 이러한 폭력 언동이 세상에 발각되기란 쉽지 않다. 이러한 재미있는 (폭력적, 차별적) 놀이 문화는 동일 성별끼리 즐길 수 있는 사이버 문화로 다른 성별을 배제할 수밖에 없다. 그렇기에 성희롱, 성범죄가 더 강화되고 지속될 수 있다. 그리고 해당 언동을 문제화할 다른 성별이 없기에 그것은 영원히 은폐될 수 있다. 이것은 철저한 남성 연대이다. (이번 텔레그램 n번방 성착취 불법영상물 거래사건이 세상에 드러나게 된 것도 그 모임에 은밀하게 잠입하여 취재, 기록한 자들의 열정과 노력 덕분이다.)

집단의 동질성만을 따르는 펜스룰은 성희롱 방지가 될 수 없다. 더 완벽하게 성희롱하기 위해 '방해꾼'을 없애는 것으로 성희롱은 더욱 증가할 수 있다. 그럼에도 성희롱을 방지하기 위해 펜스룰이 필요하다고 주장하는 사람들은 상대방을 동료로 대우하겠다는 의지가 없는 것이다. 더 정확하게 말하자면 성희롱을 방지할 생각이 없는 것이다.

필자는 묻는다. 그 탄탄한 집단이 균열될 수 있다는 가정은 왜 하지 않을까? 그 집단이 동질적이라고 가정하는 그 자신만만함은 어디서 오는 것일까? 행여나 은폐되지 않고 세상에 드러난다면 어떻게 될 것인가? 어떤 직장인이 '쿨'하게 말한 것처럼 '잠시 감옥 가면 되는 문제'인가? 엄기호가 말한 것처럼 남성은 속물, 동물을 넘어 괴물로 진화하는 것인가?[16] 그러나 그들은 '특별한' 괴물이 아니다. '일상'의 사람이다.

단톡방에서 여성, 이주 여성, 전라도, 동성애, 장애인 등을 특정한 단어나 의미로 비난·모독했을 때는 혐오 범죄이다. 물론 차별 금지법이 제정되지 않는 상황에서 그리고 어떤 사람을 특정하지 않았을 때는 모욕죄로 처벌하기 어렵다. 그러나 직장인 단톡방에서 차별적·모욕적·성적 언동이 빈번히 일어나는 경우, 성희롱으로 규제하고 금지할 수 있다.

잠시 '감옥' 갔다 오는 것도 큰 문제라고 생각하지 않고 단톡방에서 성적 놀이를 하는 것은 프란츠 파농이 말한 것처럼 성별, 계급 사회에서 이뤄지는 수평 폭력[17]이다. 그래서인지 자신을

---

16 엄기호(2017)는 "보편성의 정치와 한국의 남성성"에서 사이버 마초의 현상으로 여성 배제 현실을 다루며 한국 남성을 분석하고 있다. 이전부터 누구나 접근하기 쉬운 커뮤니티는 많았으나 펜스룰 사건이 드러나지 않았다. 그래서인지 엄기호는 이길현의 2010년 석사 논문 "우리는 다시 인사이드—사이버 공간에서의 증여, 전쟁, 권력"에 나타난 남성 공동체의 여성 없이 살아남기 위한 남성적 언사의 극단적 표출을 분석하고 있다. 2010년과 비교하여 2019년 남성성의 변화 지점들이 분석되어야겠지만, 2019년 필자가 만나본 그들은 특별한 괴물이 아니라 일상이었다.

17 프란츠 파농은 자신을 억압하는 근원을 향해 분노를 표출하는 것이 아니라 자신과 비슷하거나 나약해 보이는 사람에게 분노를 드러내는 수평 폭력을 통해 식민주의를 비판하고 있다. 약자는 자신을 괴롭힌 강자에게 저항하지 않고 자신보다 힘이 약한 동료 등 지위가 비슷하거나 자

괴롭히는 큰 권력에 저항하거나 위계에 도전하는 법을 배우려 하지 않고 자신의 동료 혹은 자신보다 약한 자를 괴롭힌다. 자신과 다른 자는 배제하는 것으로 끝낸다. 정말 이렇게밖에 살 수 없는 것일까?

만약 문제라면, 꼬리만 자르면 된다

요즘 큰 조직이나 기업에서는 성희롱이라는 물의만 일으켜도 '아웃_{파면, 해임}'이다. 공식 신고가 들어가기도 전에 의혹만 있어도 아웃이다. 빨리 사표를 받는다. 모 교육청에서는 성범죄 관련 무혐의를 받아도 성희롱 의혹이 있었던 교사는 학교를 떠나게 한다. 반면 작은 조직에서 성희롱은 여전히 무시된다.

물의로 사퇴, 해임, 파면 등의 엄벌주의와 간과, 무시 등의 비가시화는 극단적인 조치로 보이지만 결국 동전의 양면이다. 둘 다 성희롱 행위자를 빨리 없애고 안 보겠다는 것이다. 조직에서 처벌로 사라지게 하거나 비가시화해 조직의 근본적인 성희롱 문제를 해결하지 않겠다는 것이다. 펜스룰도 이와 같은 논리이다. 동질적 집단에서 이질적인 자는 상종하지 않을 것이며 혹

신보다 약한 자를 괴롭힌다. 가정 폭력이나 학교 폭력도 수평 폭력으로 이해될 수 있겠다. 최근 성희롱도 상하관계 이상으로 동료 간 성희롱이 증가하고 있다. 질적 연구를 통한 실태 분석이 필요하다. 필자는 폭력이라 잘 인지하지 못하는 폭력의 일상화, 관습화를 비판하며 일상적 폭력, 관습적 폭력 문화에 민감성을 갖기를 촉구한다.(프란츠 파농(2010), 남경태 역, 『대지의 저주받은 사람들』, 그린비)

발생하는 사건은 빨리 처리하여 근본적인 조직문화에 변화를 가하지 않겠다는 것이다.

이때 작동하는 것이 쾌락이다. 쾌락은 불안이나 공포도 잠시 잊을 수 있게 한다. 이 쾌락을 유지하는 것이 펜스룰이다. 분리나 배제 전략을 사용하던 중 우연히 발각되더라도 발각된 자만 징계하면 된다. 그렇게 그 문제를 끝낸다. '도마뱀은 꼬리가 잘려나가도 살 수 있다. 꼬리만 자르고 남은 몸통은 여전히 재미있게 놀면 된다. 잘려나간 꼬리도 다시 살아올 수 있도록 몸통이 돌봐주는 것이 남성 문화'라고 한 30대 남성 직장인이 자랑스럽게 말했다. 이것이 성희롱 물의를 일으킨 사람을 처리하는 방식이다.

권력자는 이러한 점을 알고 있다. 그래서 성적 언동을 멈추지 않는다. 약자를 성적으로 대할 수 있는, 재미있는 권력의 실행이기 때문이다. 권력자는 상대방을 공격적으로 함부로 하여 자신의 지위를 확인하는 인정과 쾌락 욕구를 갖는다. 이러한 쾌락 욕구를 변화시키는 인지 훈련도 필요하지만 권력자에게 힘을 부여하는 구조에서 권력자가 지위에 따른 권력the power as the position을 성찰하지 않는다면 성적 언동은 멈출 수 없다.[18]

---

[18]　정희진(2017)은 남성성의 확장으로 '주변적인 남성성'을 설명한다. 이는 남성 문화에서 비굴하거나 의존적인 남성이 여성에게 더 폭력적이라는 의미를 지닌다. 동시에 교육은 남성의 변화를 위해 희망적으로 보이지만 무기력하다고 우려한다.(권김현영 편, 『한국 남성을 분석한다』, "한국 남성의 식민성과 여성주의 이론") 필자도 일정 부분 동의한다. 교육보다 남성이 통제할 수 있다고 여겨지는 여성의 반란과 저항이 더 효과가 있을지 모르겠다. 물론 성차별적 문화가 변화되지 않는 한 펜스룰은 더욱 강화될 것이다.

권력자가 '약자에게 성적으로 함부로 할 수 있는 욕망'을 표현할 수 있도록 하는, 위선적인 성 문화를 분석할 필요가 있다. 이는 권력 문제와 섹스 문제를 분리해서 사고할 것이 아니라 성애화된 권력, 다시 말해 남성/강자가 권력을 성적으로 작동시키는 방법, 성인식을 변화시켜야 한다.

　그러나 권력자는 권력을 분석하지 않는다. 권력을 내려놓거나 성찰할 이유가 없다. 그 약자/여성만 '아웃'이다. 권력자는 또 다른 약자/여성에게 밤에 혼자 오라고 할 수 있다. 권력자에게는 선택지가 많다. 단지 운 나쁘게 발각된 자만 재수가 없었을 뿐이다.

　꼬리 자르기 징계보다 근본적으로 고민해야 할 것은, 권력자의 성애화되고 관습화된 놀이 문화의 변화 방안이다. 성애화된 놀이를 행하는 이유, 과정, 결과를 중심으로 어떠한 쾌락이 어떻게 순환되는지, 그 쾌락을 유지하기 위해 자본이 어떻게 움직이는지, 그리고 그 쾌락 공동체가 견고하게 동질적 공동체로 남는 이유를 살펴야 한다. 단톡방 가입자를 처벌하고 징계하는 것 이상으로 성적 언동이 쾌락과 욕망과 삶이 되는 놀이 문화를 근본적으로 변화하지 않는 한 단톡방이나 텔레그램 사례 같은 펜스룰 문화는 지속될 것이다.

　성희롱 법제화 25년의 역사를 거치면서 성희롱을 금지하는 보호법익은 상실되고 징계와 처벌만 남았다. 물론 아직도 인정되지 않는 피해도 많다. 그럼에도 법제도를 통한 징계 중심의 성희롱 예방 교육은 펜스룰을 포함하여 행위자가 빠져나갈 수 있는 방어 논리로 쓰일 수 있다는 것을 명심해야 한다.

믿을 수 없는 사실이 하나 더 있다. 성희롱 방지나 규제가 강하면 강할수록 펜스룰이 더 심해진다고 걱정한다. '여성들하고만 있으면 사고가 터지니 남성들끼리 그냥 놀자'거나 1차 회식 후 여성들을 집에 돌려보내는 것을 여성들이 더 원한다' 등의 현실이 그것이다. 또 고위직으로 갈수록 여성은 '큰 조직을 다스릴 수 없는 조직 부적응자'라는 통념으로 여성 배제를 강화한다. '역시 여성은 아니야'라는 여성 배제펜스룰는 성희롱 방지로 인해 만들어지는 것이 아니라 이 사회가 여성 배제를 강력하게 선호한 결과이다.

토론 1 — 주변의 '남성 놀이 문화'를 찾아보면서 그 원인과 효과를 토론해 보자. 직접 경험을 나누어도 좋고 사이버 공간에서 찾아도 좋다. 최근 발생한 '텔레그램 n번방 성착취 불법영상물 거래사건'의 원인, 과정, 결과 그리고 법, 제도, 교육 등을 찾아 토론해 보자.

토론 2 — 펜스룰이 문제일 수 있지만 성희롱 행위자가 될 수 있는 가능성을 얼마간 줄일 수 있다고 생각하는 사람들이 있다. 이러한 사람들과 '얼마간'이라는 그 믿음이 어떠한 문제를 발생할 수 있을지 토론해 보자.

4장

동성 성희롱은 동성애 때문이다?: 성적으로만 과잉 해석하는 이유

성희롱은 성차별적 환경을 문제화하기 위해 도입되었으나 갈수록 '원하지 않는 성적 언동'을 중심으로 판단하는 경향이 되었다. 물론 성차별적 환경에서 권력자의 성적 언동이 가능하며 그것이 더욱 성차별적 환경을 만드는 것도 사실이다. 그러나 모욕적인 성적 수치심을 주는 성적 언동을 중심으로 성희롱을 규제한다면 '의도하지 않게' 차별적이고 적대적인 상황을 방지하기보다 '비규범적인' 성적 환경을 규제하는 경향으로 흐를 수 있다. 특히 동성 성희롱의 경우, 비규범적인 성적 환경이라 간주되어 동성애 혐오를 조장·발전시킬 수 있다. 비규범적인 성적 환경을 규제하려는 것이 아니라 차별적이고 폭력적인 (성적) 환경을 변화시키기 위해 성희롱 관련 법제화를 했다면 동성 간 성희롱의 피해 의미를 명확하게 할 필요가 있다. 동성 성희롱 판단 시 성적 지향을 고려한다는 것은 이성 간 성희롱 판단 시 피해자가 대학생이었다가 유흥업소 여성으로 알려지는 순간 성경험sexual history 여부에 집중하는 것과 같다. 이는 성 고정관념을 강화시켜 판단을 흐리게 할 뿐이다.

동성 성희롱은
얼마나 신고되는가?

　'성희롱'이란 단어 자체도 무섭다는 요즘이다. 성희롱 입증 여부를 떠나서 성적 언동이 문제화되면 일단 성희롱으로 인식한다. 의혹으로 끝날 수도 있지만, 일단 성희롱이라 발화되는 순간부터 전쟁이다. 피해를 말하는 억울한 자는 어떻게든 성희롱으로 입증하기/입증받기 위해 전력투구한다. 지목된 자 역시 억울하기에 전력투구한다.

　어떠한 언동이 성희롱으로 발화, 신고, 진정되지만 모든 언동이 다 성희롱으로 인정받는 것은 아니다. 국가인권위원회의 〈성희롱시정권고사례 8집〉(2019)에 따르면, 2017년 성희롱 진정사건 접수 296건 대비 권고 20건, 합의종결 4건, 조정 10건

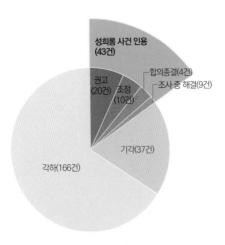

국가인권위원회 성희롱 진정사건(2017) 분석

으로 성희롱 인용 건은 34건이다. 조사 중 해결 9건을 합쳐도 총 296건 중 43건으로 약 14.5%가 성희롱 사건으로 인용되고 있다. 진정 건수 중 166건이 각하, 37건이 기각된다는 것은 어떠한 언동이나 사건이 성희롱으로 판단되기에 쉽지 않다는 것이다.(앞의 그래프 참고)

성희롱 행위자로 지목받는 자는 대체로 조직 내 위계 있는 남성일 때가 많다. 대표, 관리자, 교수(교사), 군대 내 상급자, 문화예술 스포츠계의 감독, 선배 등 행위자는 지위와 권력이 있는 자들이다.[19] 물론 여성 상사에 의한 남성 부하 직원도 〈폭로〉 같은 영화[20]를 통해 설명되기도 했다. 따라서 발화되는 성희롱 사건의 입증과 판단 여부[21]에 관해서는 고려할 일이 많다.

한국 사회에서 성희롱은 (업무 관계에서) 원하지 않는 성적 언동으로, 거론되다 보니 남성 가해자와 여성 피해자의 부적절한 '성적인' 문제로 간주된다. 그 결과 갈등, 오해, 소통의 문제 등 개인적인 문제로 귀결되기도 한다. 때로는 어떤 상황에서는 본인이 경험한 언동이 무엇인지 모를 수도 있다. 그래서 이해할 수 없는 언동을 경험했지만 어떠한 대응도 하지 않기도 한다.

[19]   2018년 여성가족부 성희롱 실태조사에서 가해 행위자 중 남성이 90.5%이다. 국가인권위(2019) 〈성희롱시정권고사례 8집〉에 따르면 2007년부터 2019년까지 성희롱으로 권고된 209건의 사례 중 남성 행위자는 192건으로 91.9%를 차지한다.

[20]   국가인권위(2019) 〈성희롱시정권고사례 8집〉에 따르면 2007년부터 2019년까지 성희롱으로 권고된 209건의 사례 중 남성 피해자는 총 11건으로 5.3%이며 그중 여성이 남성을 가해한 사례는 4건으로 1.9%를 차지한다.

[21]   2018년 논쟁이었던 '곰탕집 성희롱 사건'의 입증은 피해자 진술의 일관성을 판단하는 성인지 감수성이 핵심 근거였다.

발화하는 자체가 혼동스러울 때가 있다. 특히 상대방이 나와 같은 동성인 경우 더욱 혼란스럽다. 더 정확하게 표현하자면 큰 문제로 여기지 않을 수 있고 큰 문제가 아닐 수도 있다.[22] 당사자는 물론이고 같이 있었던 사람들도 의문을 품을 수 있지만 그냥 넘어가기도 한다.

군대 내 성추행은 과거보다 많이 알려지고 보도되어 남성 간의 위력이나 위계에 의한 성추행은 가능할 수 있다고 인식된다.[23] 그러나 '여성 상사와 여성 부하'처럼 여성 간 성희롱에 대해서는 의아해하는 것이 현실이다. '술 취한 상태에서의 성추행이나, 동성애자(?)면 모를까 여자들끼리 무슨 성희롱?'이라며 믿지 않는다.[24]

동성 간 성희롱 사건이 급증하고 있음을 간과해서는 안 된다. 대형 법무법인의 어떤 변호사는 성희롱 사건 중 동성 간의 사건이 대략 30% 이상 차지하는 듯하다며 어떻게 처리해야 할지 모르겠다는 하소연을 하기도 했다. 이성 간 성희롱과 비슷하게 변론 요지를 쓰고 있다고 하나 석연치 않다고 전했다.

---

[22] Susan Fineran(2002), Sexual Harassment between Same-Sex Peers: Intersection of Mental Health, Homophobia, and Sexual Violence in Schools. PhD, LICSW Social Work, Volume 47, Issue 1, pp.65-74, https://doi.org/10.1093/sw/47.1.65

[23] 군대 내 성 문제는 엄격하게 규제된다. 대체로 동성 간 원하지 않는 성행위뿐 아니라 합의에 의한 성행위도 규제된다. 그런데 여성 간 성희롱·성폭력에 대해서는 군대 같은 여성 집단조직이 없다 보니 언론 보도나 학술 논문도 거의 없는 실정이다.

[24] 국가인권위(2019) 〈성희롱시정권고사례 8집〉에 따르면 2007년부터 2019년까지 성희롱으로 권고된 사례 209건 중 동성 간 성희롱은 12건으로 남성이 남성을 가해한 사건은 7건으로 3.3%였고 여성이 여성을 가해한 사건은 5건으로 2.4%였다.

한국에서 동성 간 성희롱 실태는 공식적으로 강조되어 발표되지 않는다.[25] 2018년 여성가족부 성희롱 실태조사도 성별, 나이, 직종 등에 따른 피해자와 행위자 실태를 분석하고 있다. 성희롱 피해 경험은 전체 응답자의 8.1%였고 여성 피해율이 남성보다 높았다. 남성 가해자-여성 피해자 비율이 90.5%로 여성 피해의 행위자는 대부분 남성이었다. 동성 간 성희롱 피해는 남성 가해자에 의해 남성피해 비율은 68.5%, 여성 가해자에 의한 여성 피해자 비율은 9.5%로 나타난다. 여성을 가해하는 10명 중 1명은 여자이나 그 피해 양상은 분석되지 않고 있다.

2018년 문화체육관광부의 어떤 영역 성희롱·성폭력 실태조사에서는 피해자 성별은 기재되어 있지만 행위자 성별은 누락되어 있었다. 누락 이유를 물었더니 행위자가 당연히 남성일 것이라 생각하여 질문하지 않았다고 연구책임자는 답변했다.

여성가족부나 국가인권위원회의 실태조사 결과를 보더라도 동성 간 성희롱 사건은 존재한다. 2018년 여성가족부 성희롱 실태조사에서 볼 수 있듯이 남성 동성 피해자의 비율이 68.5%라는 것은 상당히 높은 수치이다. 그럼에도 수많은 성희롱 예방/처리 매뉴얼은 이성 간 성희롱 피해만을 상정하여 만들

---

25   국가인권위원회(2019)의 초·중·고 학생 선수의 인권 실태 전수조사에서 동성 간 성폭력/폭력 실태가 드러났다. 그러나 공식적으로 자료집을 발간하지 않아 인용할 수 없는 한계가 있다. 단지 전수조사 결과 피해자 명수를 제시함으로써 심각하다는 의미를 전달했다. 내부 회의 자료에 따르면 동성 간 성희롱 상황은 이성 간 성희롱과 비교해 봤을 때 결코 적지 않았다. 스포츠 훈련이라는 동성 집단문화에서 함께 훈련하고 합숙하는 학생 운동선수라는 특수성에서 기인한 결과로 보인다. 이제는 동성 간 폭력 문제를 가시화하며 기존 성희롱·성폭력 방지 대책의 변화 지점을 모색할 때이다. 질적 조사를 통해 동성 간 성희롱 피해 의미를 명확하게 분석할 필요가 있다.

어져 있으며 동성 간 성희롱 방지 매뉴얼은 군대 내 성폭력 관련을 제외하면 없는 실정이다. 동성 간 성희롱 피해도 이성 간 성희롱 처리 매뉴얼에 준해 처리되고 있다.

동성 간 성희롱을 남녀고용평등법에서 다룰 수 있는가?

남녀고용평등법 제2조 제2호에 따르면 '직장 내 성희롱'이란 사업주·상급자 또는 근로자가 직장 내 지위를 이용하거나 업무와 관련하여 다른 근로자에게 성적 언동 등으로 성적 굴욕감 또는 혐오감을 느끼게 하거나 성적 언동 또는 그 밖의 요구 등에 따르지 않았다는 이유로 고용에서 불이익을 주는 것을 의미한다.

이 법에 따르면 굴욕감과 혐오감을 느끼게 하는 성적 행위에 따라 성희롱 여부가 판단된다. 성별을 지칭하지는 않았으나 남녀고용평등법이라는 법명 그리고 제1조 목적 조항을 보면 남자와 여자 성차별에 관한 문제를 해결하기 위한 법임을 알 수 있다. 즉 현재 법체계를 근거로 이에 따른 정책이나 처리 매뉴얼도 성별 권력 관계성차별에 의해 발생하는 성희롱 사건을 근간으로 하고 있다.

초기 성희롱 사건의 대부분은 소송 당사자피해 주장자나 신고인 등가 여성이었고, 그러한 성적 언동의 주요 동기가 피해자의 성차별적인 상황이라고 가정했다. 따라서 가혹하거나 만연한 성적 언동은 '성별이 다르기 때문'에 일어나는 것으로 예상했다. 성차별적 상황에서 상대방인 약자를 괴롭히는 수단으로 또는 의도하지 않는 평소 관행대로 성적 언동을 하는 결과를 제지하기 위해 성희롱이라는 규제 행위를 명명한 것이다. 법원에서도 대부분 이 가정을 논리적으로 받아들였고 이성 간 성희롱이 인정될 수 있는 것은, 성별 권력 관계에서 원하지 않는 성적 언동이 모욕감을 준다는 가정에서 그 언동이 문제일 수 있다는 것이다.

남녀고용평등법을 근간으로 한 성희롱 처리 지침 매뉴얼도 성희롱은 대가성 그리고 적대적인 환경 유발을 하는 것이라고 규정한다. 대가성 성희롱은 임금, 업무 시간 또는 기타 고용 조건을 내세워 원치 않는 성적 요구를 수용하도록 할 때 발생한다. 대가성 성희롱은 가장 간단한 형태로 고용주나 상사가 "나와 함께 성관계_{성접대 포함}를 갖지 않으면 당신은 해고된다"고 말하는 상황에서 발생한다. 또한 적대적인 환경은 고용인이 "피해자의 고용 조건을 변경하고 학대를 유발하는 작업 환경이 조성"되기에 충분히 가혹하거나 만연해 있는 성적인 성격의 행위에 노출될 때 존재한다. 모욕적인 성적 농담을 일상적으로 하는 상사와 함께 일하는 것은 끔찍함을 떠나 근로 의욕을 삭감시키기 때문이다.

그러나 '적대적인 모욕감을 주는 성적인' 내용이 무엇인지는 계속 논의 중이다. 판례에 따라 적대적 환경을 이루는 성적 내용의 범위와 내용이 달라지고 있다. 상황과 맥락에 따라 심각성 정도도 달라질 수 있다. 따라서 환경이 '합리적으로' 적대적이거나 학대적으로 인식, 판단되면 그것이 상대방에게 심리적으로 해로운지 아닌지 그 여부까지 알 필요는 없다. 그래서 제3자 신고도 가능하게 되었다.

따라서 남녀고용평등법이 동성 간 성희롱을 다루기 위해서는 섬세한 고려가 필요하다. 첫째, 남성들이 다수인 조직과 달리 여성들이 다수인 조직에서 적대적인 성적 환경은 무엇인가? 남성 조직과 다르다면 어떻게 다른가? 둘째, 각각의 조직 내에서 각 구성원들의 성적 지향을 왜 중요하게 고려하는가? 이러한 질문은 성희롱 입증이 어렵다는 전제에서 쌍방의 진술을 들을 때 유의해야 한다. 특히 동성 간 성희롱에 관해서는 성적 언동이 일어났던 조직의 특성과 사건 발생 시 관련되어 있던 자들의 관계적 특성 등을 고려할 때 '비규범적인 통념'이 작동할 수 있다는 것을 유의해야 한다.

여성들이 다수인 조직 내 '적대적인 성적 환경/언동'에 대한 대처는 다르다

원래 성희롱은 남성 상사와 여성 직원의 성차별적인 현실을 가정하면서 구성되었다. 그러나 여성 조직이라면, 남성 지배로부터 자유로운 개인적이고 체험적인 현실이 존재할 수 있다. 남성이 근무하고 있는 조직(대표적으로 군대, 건설현장 등)과 달리 여성만이 근무하고 있는 조직에서 '적대적인' 성적 언동의 의미는 달리 해석되고 적용될 수 있다.

물론 힘의 역학이 분명하거나 확고하지만은 않다. 여성 상사와 여성 직원 간, 또는 여성 동료 간 힘의 역학이 직장이나 조직의 특성과도 연관될 수 있기 때문이다. 예를 들어 대형 병원의 간호사 직종에는 여성이 많다. 그러나 대형 병원의 의사, 간호사, 그 외 직원 등의 성비를 보면 여성 조직이라고는 할 수 없다. 반면 거의 여성으로만 이루어진 조직도 있다. 따라서 조직 형태와 성희롱이 발생했던 당시의 관계 형태를 모두 고려하여 적대적인 성적 언동의 의미를 파악해야 한다.

다음은 남성 팀장이 여성 부하 직원에게 행한 성적 언동이 굴욕감·혐오감을 준 사례를 전제하면서 여성이 대다수인 조직에서 여성 팀장이 여성 부하 직원에게 행한 성적 언동의 굴욕감·혐오감의 정도를 비교해 본 것이다. 여성이 많은 조직에서 여성 부하 직원은 여성 상사의 언동에 어떻게 반응할 것인지 살펴본다. 다음 표는 조직의 특성과 상황에 따라 재구성될 수 있다.[26]

---

26   가시화된 성적 언동을 중심으로, 또 행위자가 속한 '조직 문화 개선'을 위해서는 우선적으로 성희롱 유형화가 필요하다. 아래 표는 성희롱 행위 유형별로 6단계로 구분한 도구를 근거로 한국적 맥락에서 재구성했다. Reardon, Kathleen Kelley(2018.6.19.), It's Not Always Clear What Constitutes Sexual Harassment. Use This Tool to Navigate the Gray Areas. Harvard Business Review.

	여성 상사	여성 부하 직원
보통 그리 불쾌하지 않은 것 (Generally not offensive) 머리 스타일, 옷차림, 외모 등에 대해 통상적으로 하는 말	혜민 씨 머리 새로 했나 봐 은근히 섹시하다. 왜 우리는 새끈한 연예인 같은 직원이 없을까? 있으면 너무 좋을 것 같다.	별로 신경 쓰지 않거나 어머 부장님도 머리 멋져요. 새로 하셨구나. 미용실을 바꾸셨나. 훨 나아보여요.
약간 이상하고 다소 불쾌한 것 (Awkward/mildly offensive) 여성에게 불리한 젠더 구별 (gender distinction)을 포함, 암시하는 말들	여자들은 너무 예민해서 문제야. 나도 힘센 남자 직원 갖고 싶다.	아이고, 우리 부장님 또 시작했네.
불쾌한 것(Offensive) 젠더에 무감각하거나 젠더 우월적인 태도	역시 근육질 남자 직원을 뽑아야 무거운 짐을 들지. 일방적인 허그와 포옹 등	세대차인가? 신경 끈다.
아주 불쾌한 것(Highly, Serio usly offensive/Intentional lowering of women's value) 고의적으로 여성을 폄하하는 말, 행동	상대방을 모욕하거나 당황하게 만들 의도로 여성의 지능과 기술 등에 대해 농담할 때. 여자들은 왜 이리 공간 개념이 없지? 여자들은 수학을 못하니 운전도 못해. 김 과장은 운전 몇 년차야?	우리 부장님은 문제야. 감수성이 우리랑 달라. 부장님, 여성에 대한 잘못된 통념을 갖고 계세요.
명백하게 잘못된 성적 언동 (Evident sexual misconduct) 노골적으로(crude) 육체 침해 행동	오늘 밤에 그랜드호텔에서 야경보면서 술 한잔 어때? 제안 후 육체적 접촉, 시선 강간 등	상무님, 집에 가세요. 저 애인이랑 놀러가요. 외로우시면 애인 만드세요.
심각하고 치졸하고 천박한 성적 언동(Egregious sexual misconduct) 강요, 성적 학대, 폭행과 같은 행동	출장 가서 같이 지내자. 제안 후 응하지 않으면 인사고가에 불리한 평가 성적 추행을 발설하면 너 죽고 나 죽자는 식으로 협박 등	상무님 저 여성이거든요? 술 많이 드셨어요. 전 혼자가 편해요 공격적인 성적 추행이 아니면 대체로 신고하지 않지만 계속 접근하면 상대방이 동성애자이거나 나를 그 상대로 생각하는 지를 의심한다.

내가 만약 여성 부하 직원이라면 어떠한 심정이었을까? 여성 사이에서의 힘의 역학은 남성과 여성 사이의 역학 관계와는 다를 수 있다. 남성 상사 또는 남성 직장 동료는 '사회적으로 구

성된 권력, 특권 및 신용은 물론, 물리적 체력'까지 갖추고 있기에 다를 수 있다. 여성은 여성 상사의 캐릭터에 따라 다르게 느끼겠지만 여성 상사를 더 편하게 생각하고 그냥 넘어가는 경향이 있다.[27] 여성 직원은 성적인 면에서 남성 상사보다 여성 상사에게 더 관대하다.

한 성희롱 방지 워크숍에서 이뤄진 동성 간 성적 언동에 대한 답변 결과도 비슷하다. 여성 상사의 성적 언동에 대해서는 남성 상사의 그것보다 크게 의미를 두지 않았다. 여성 상사의 성적 언동에 대한 불쾌감의 정도도 더 낮았다.

"남성 상사의 성적 언동은 농담을 넘어 나를 성적 대상으로 본 것 같아 불편해요. 언동도 문제지만 나를 어떻게 대우하는지에 대한 문제 같아요."

(27세 사무직)

"여성 상사의 성적 언동도 불편하지만 그러려니 해요. 그녀가 나를 접촉한들 큰 의미를 느끼지 못했어요. (중략) 여성 과장이 나를 성적 대상으로 생각한다고 상상조차 해 보지 않았어요. 하지만 남성과장은 남자잖아요. 아무래도 조심스럽죠. 여성 과장과는 다르게 남성 과장과 같이 잘 수는 없잖아요."

(31세 금융업)

---

[27]   https://www.verywellmind.com/how-common-is-female-to-female-sexual-harassment-4134990

"여성 상사와는 같이 잘 수 있지만 남성과는 같이 잘 수 없죠. 그러다 보니 남성이 하는 성적 언동은 의미가 다르죠. 그냥 농담이 아니죠. 아주 친한 사람이 아니라면…" (26세 교사)

"여성 상사가 같이 술 마시자는 것은 그냥 술 마시는 것이지만 남성 상사가 그랬다면 의미가 있지요. 여성 상사가 같이 자자고 할 리도 없고 (중략) 만약 그렇다면 정체성이 다른 것이니 거절해야지요. 남성 상사가 같이 자자고 해도 거절하지요. 단 신경이 쓰이니까 친절하게 아무렇지 않게 거절해야죠. 여자가 그랬다면 '에이'하고 무시하겠지만 남성은 좀 달라요. 남자가 그랬다면 불륜이거나 성폭력 아니면 사귀자는 것이죠." (30세 조사설계홍보대행)

본래 성희롱은 남성의 여성 종속, 그 특정한 상호 관계에 따른 힘의 역학/젠더에 대한 것이다. 동성 간 '모욕적 성적 언동'에 대해서는 특별한 감수성이 없이는 성희롱·성차별으로 인식되지 않을 수 있다. 그래서 근로기준법 제76의 2 직장 내 괴롭힘이나 차별 금지법으로 다루어야 한다는 주장도 있다.[28]

반면 현행 법체계를 근거로 '성별'에 따라 일하는 사람들을 다르게 대우하는 것은, 차별이라는 모욕적인 행위의 본질을 모호하게 할 수 있다는 주장도 있다. 성차별적 환경을 규제하는 성희롱의 원칙을 고려하여 동성 간 권력 관계를 고려하여 성희롱

---

28 여성의 여성에 대한 성적 억압의 실제 원인은 모호하다. '성(sex)'이라는 단어의 중립성 때문이기도 하지만 이성애 사회에서는 잘 드러나지 않는다. 한국 사회에서 차별 금지법과 성차별 금지법을 분리시키는 이유이기도 하다.

을 다루라는 것이다. 동성 간에도 권력자가 상대방이 일하기 힘든 적대적인, 폭력적인 상황을 만들 수 있기 때문이다.

그러나 동성 성희롱에 대한 감수성이 없어 굴욕감을 느끼지 않다가 상대방의 성적 지향이 자신과 다르다는 것을 인식한 이후 성희롱으로 문제화하고 판단한다면 이것은 또 다른 의미의 차별행위가 될 수 있다. 즉 성별 권력이 존재하는, 이성애가 규범적인 사회에서 (행위자와 피해자의 성적 지향에 따라) 동성 간 성적 언동의 의미를 다르게 파악해 의도하지 않은 결과가 나올 수 있다.

동성 간 성희롱 판단 시
성적 지향을 근거로 하는 것은
또 다른 차별

다음 사례는 동성 간 성희롱 사례를 상담, 컨설팅하면서 '말하는 자'의 입장에서 재구성했다. 동성 간 성희롱 상담이 항상 성적 지향과 연관되어 문제 되는 것은 아니나 성적 지향이 중요하게 언급되고 있다. 사례를 읽어보고 성별, 성적 지향, 결혼 여부, 나이 등에 따라 성적 언동에 대한 인식이 어떻게 달라지는지 살펴보자.

사례1 대중목욕탕에서 같은 직장에 다니는 팀장을 만났다. 그런데 그녀가 나를 빤히 쳐다봤다. 계속 쳐다보는 것 같았다. 결혼한 그녀는 육아 휴직을 하고 돌아왔다고 들었다. 나는 불편했지만 문제제기 할 수 없어서 그냥 모른 척 했다. (그러나 만약 팀장이 동성애자이거나 성적 소문이 많다면 성희롱이라고 여겼을지도 모르겠다.)

사례 2 우리 팀 6명은 구내식당에서 점심을 같이 먹는다. 식사 후에는 근처 공원을 산책하면서 커피를 마신다. 대체로 팀장 주도로 이야기가 전개된다. 주로 남편과 아이들 이야기이다. 때로는 남편과 애인 간의 성관계 이야기도 한다. 또 남지들과의 썸타는 이야기도 하면서 나의 근황을 묻기도 한다. 그런데 나는 간혹 기분이 별로다. 어쩔 수 없이 기분을 맞추어 주고는 있지만 재미도 없고 때로는 불쾌하다. 간혹 성관계 이야기를 주도하는 팀장을 성희롱으로 신고하고 싶지만 다른 동료들은 좋아하는 듯하여 나만 이상한가 싶기도 하다. (내가 동성애자라서 남자 이야기를 듣기 싫어하는 것일까?)

사례 3 우리는 직장 내 동아리를 같이 하고 있다. 간혹 즐겁게 농담으로 성적 대화를 한다. 그런데 어느 날 신입 직원이 들어왔다. (중략) 신입도 눈치를 채고 너무 괴로워하더니 독일 출장에 같이 가자고 했던 상사인 나를 성희롱으로 신고했다. 나는 업무 수행을 위해 독일어를 잘하는 신입을 선정한 것뿐인데 성희롱으로 신고하다니. 내가 특별히 신입을 대상으로 성적 언동을 한 것은 아니나 동아리 구성원들과 성적 대화를 즐겨 하는 편이라 성가신 일이 생길까 두렵다. (커밍아웃을 하지 않았지만 우리는 레즈비언들이다.)

사례가 특정될 것을 우려하여 앞뒤 맥락을 단순화하기는 했지만 위 사례들은 전혀 극단적이지 않은, 우리 주변에서 볼 수 있는 현실 가능한 사례이다. 위 사례를 읽어 보면 성적 언동을 행하고 경험하는 사람이 누구인지에 따라 적대적인 상황 여부를 판단하게 될 것이다. 그러나 청자가 누구인지에 따라 말하는 자는 자신의 성적 지향 관련 자체를 언급하지 않을 수 있다.

"누군가가 대중목욕탕에서 자신의 몸을 바라보는 것을 성희롱이라면 어떻게 대중목욕탕을 가겠는가? 원래 그런 곳인데 너무 예민하지 않은가? 하지만 그 팀장의 평소 소문을 들었다면 영향을 받을 것 같다." (26세 교사)

"동성애자니까 남편 이야기하는 것이 싫었겠지. 동성애자를 기준으로 성희롱 기준을 만들 수 있는 것은 아니잖아. 알아서 잘 들어야지." (30세 홍보대행업)

"출장 같이 가자는 것을 성희롱이라 할 수는 없겠지만 평소 동아리에서 한 이야기들은 적대적 환경이라고 할 수 있을까? 친한 사람들끼리 성적 대화한 것 가지고 적대적 환경이라니… 그래도 내용에 따라 영향을 받을 것 같기는 하다. 그런데 이러다가는 대화도 못하겠다." (31세 사무직)

일반적으로 한국 사회에서 성인인 경우, '특별한' 관계라면 같이 잘 수 있다고 생각한다. 사귀는 관계이거나 사귈 수 있는 관계라고 생각될 때 어떠한 성적 행위는 묵인된다. 같이 잔다면 그 둘은 특별한 관계라고 생각한다.

같은 성이 아닐 때는 대중목욕탕에 같이 갈 수 없는 문화적, 규범적 약속이 있다. 따라서 이성애가 규범적인 사회에서 이성 간은 상호 '성적 대상'이라는 전제가 있다. 이것은 역으로 상호 성적 대상이기 때문에 원하지 않을 때, 때로는 상호 동의가 없을 때 일방의 성적 언동은 성 관련 범죄가 될 수 있다고 가정된다. 이러한 현상은 성차별적인 직장에서 강자인 남성과 약자인 여성의 사이일 때가 많다. 이때 그 권력자의 성적 지향은 궁금해하지 않는다. 이성애 사회이기 때문에 (성적 지향과 관계없이) 권력자의 성별이 자신_{약자}과 다를 때 민감성이 더 높게 나타난다.

반면 이성애자이든 동성애자든 동성이 강자의 성적/폭력적 대상이 될 수 있다. 이때 중요하지 않았던 행위자의 성적 지향이 갑자기 중요해진다. 여성에 대해 성희롱 행위자가 남성이면 그 행위자의 성적 지향을 묻지 않지만 여성일 경우 성적 지향이 중요 요소가 되는 현실은 질문할 필요가 있다. 여성인 경우 성적 지향과 관계없이 동성 권력자도 권력을 이용하여 일방적으로 대상자를 성적/폭력적으로 함부로 모욕할 수 있는데 말이다. 이 것이 바로 성희롱을 권력, 위계의 문제가 아니라 개인의 성문제로만 해석하는 반증이다.

성적 지향을 모를 때는 여성끼리 대중목욕탕에도 갈 수 있고 같은 침대에서 잘 수도 있다. 그러나 성적 지향을 알게 되면, 즉 상대방이 동성애자임을 알면 같이 대중목욕탕에 가지 못하

고 방에서 같이 잘 수도 없다. 어제 같이 잔 사람일지라도 동성
애자라는 것을 알았다면 오늘 같이 잘 수 없다. 이성 간에도 같
이 자도 아무런 일이 없을 수 있는데 성적 존재라서 같이 자지
않는 것처럼 말이다. 동성애자라는 상대방의 성적 지향을 아는
순간, 상대방은 성적 존재로 간주되어 같이 잘 수 없다고 생각한
다. 따라서 동성 행위자의 성적 지향을 알게 되면 (갑자기) 그 의
미가 달라진다.[29] 폭력의 의미가 강화된다. 어떤 여성이 여성에
게 한 행동을 두고, 상대방이 동성애자라는 것을 알게 되면 그
언동을 갑자기 성범죄로 인식한다는 것이다.

　　만약 조사 과정에서 신고인피해 주장자이 "피신고인이 (일반
여성이었다면 괜찮지만) 동성애자이기 때문에 성희롱이었고
혐오스러웠다"라고 진술했다면 이 사건은 성희롱 사건으로 판
단되기가 쉽다. 한편, 신고인이 동성애자인 경우 아웃팅을 우려
하여 성희롱이라 할지라도 신고하지 않을 수도 있다. 동성 간 성
희롱에서 행위자가 동성애자여서 신고인이 혐오스러웠다는 것
과, 역으로 신고인이 동성애자여서 성희롱 사건이 비가시화되
는 것에는 '동성애 혐오'가 작동한 것이다.

---

[29]　　1990년대 중반에 미국 법원은 소위 '동성 간' 성희롱 사건의 맹공에 직면했다. 1992년과
1997년 사이에 4개의 서로 다른 항소심에서 '동성 간' 사건(즉, 남성을 성희롱하는 남성 또는 여
성을 성희롱하는 여성)에서 원고가 소송 사유를 규명할 수 있는지에 대한 의문이 제기되었다. 결
국 4개의 서로 다른 순회 항소심은 네 가지 다른 법적 결론을 이끌어 냈다. 미국 대법원이 이 문제
를 해결한 Oncale 대 Sundowner Offshore Services 소송 검토와 이 결정을 이끌어 낸 4개의
순회 항소법원들의 의견에 대한 분석 참고. Carolyn Grose(1995), Same-Sex Sexual Harass-
ment: Subverting the Heterosexist Paradigm of Title VII, Yale J.L. & Feminism, p.375.
https://heinonline.org/HOL/LandingPage?handle=hein.journals/yjfem7&div=19&id=&
page=

이것은 대학생인줄 알았던 성희롱 피해자가 유흥업소 종사자임을 알게 되었을 때 이에 관한 혐오가 작동하여 의심하게 되는 맥락과 같다. 또 이성 간 성희롱 남성 행위자로 지목된 자가 동성애자이니 상대방 여성에게 하는 행위가 성희롱·성범죄일 수 없다고 주장하는 것도 같은 맥락이다. 이것이 바로 성희롱을 개인 간의 성적 문제로 보는 것이다.

그러나 성희롱은 개인 간의 섹스, 성적인 문제가 아니라 성적인 방식이나 영역에 침투, 통제, 개입, 조정할 수 있는 권력의 문제이다. 따라서 동성애자인 상대 여성의 성적 언동이 모욕적인 이유가 같은 여성이 아니라 성적 존재인 레즈비언이라 생각되어 모욕적이라면 이는 동성애 차별이다. 차별은 어떤 사람을 성적 존재로만 또는 단일 정체성으로만 평가, 판단하는 것이기 때문이다.

순결한 피해자만 보호하는
성적 규범 이면의
새로운 존재들

그로서Grose는 이성애자 여성 피고용인과 공개적인 레즈비언인 상사의 관계 또는 공개적인 레즈비언인 피고용인과 이성애자인 여성 상사의 관계를 예시로 설명하면서 항상 주변인의 걱정을 받은 사람은 '이성애자 여성'이었다고 주장한다. 이성애자 피고용인은 누구나 보호받지만, 동성애자 피고용인은 이성애자 상사로부터 보호받지 못한다는 것이다. 또 동성애자 남성과 이성애자 남성이 같은 행동에 대해 동성 성희롱 혐의로 기소되면 동성애자 남성만이 법적 책임을 지게 된다.[30] 그러다 보니 조직 내에서는 성적 지향을 표현하기보다 은폐하려 하고, 이는 결국 직장에서의 동성애 혐오와 이성애주의를 더욱 견고하게 만든다.

동성 간 성희롱 사건은 동성애 혐오에 따른 행위자·피해자에 대한 아웃팅 등 다른 폭력이 발생할 수 있는 민감한 사안이다. 남녀고용평등법에서 직장 내 성희롱과 관련하여 '피해를 입은 근로자'뿐만 아니라 '피해를 입었다고 주장하는 근로자피해근로자 등'까지 피해자의 범위를 확대하고 있는 취지는 성별 권력 관계에 의해 여성 피해자의 피해 사실이 인정되지 않고, 이것이 2차 가해로까지 이어지고 있는 성차별적 현실에서 피해 여성들을 보호하기 위함이다.

그러나 오랜 여성운동의 결과로 성취한 '피해 근로자 등'이라는 위치에서 피해 의미의 강화 목적 또는 피해를 인정받기 위한 행위들은 다른 문제를 양산할 수 있다. 즉 이성애 중심 사회에서 동성 성희롱은 의도하지는 않았지만 아웃팅, 성적 소문 유포 등 성적 지향에 의한 또 다른 차별 피해로 번질 수 있다.[31] 이처럼

---

30   Carolyn Grose(1995), 앞 글.

31   동성 간 성희롱의 경우, 실제로 동성애자인지의 여부와 관련 없이 가해자로 지목된 사람은 동성애자로 여겨질 수 있기에 이성애 신고인의 공개적인 피해 주장, 소문 유포는 그 의도와 관련 없이 아웃팅, 혐오 발언이 될 수도 있다. 당연히 성희롱 피해 신고인은 보호받아야 하지만 이러한 보호는 차별과 폭력을 끊어내기 위함이지 또 다른 차별과 폭력을 정당화하기 위함은 아니다.

언제나 보호받는 피해자는, 이성애적 성적 지향을 가진 순결한 피해자이어야 한다. 그래야 억울할 수 있고 보호받을 수 있다.

초반에 매키넌이 개발한 성희롱 이론은 이성애 사회에서 권력의 지위에 있는 사람들대체로 남성이 상대적으로 적은 권력을 가진 사람들대체로 여성에게 적대적인 직업 환경을 조성할 수 있는 권력을 갖고 있다고 전제하기 때문에, 해당 행위가 성차별이라고 주장했다. 같은 맥락에서 여성이 성희롱 가해 행위자가 될 수 있는 이유는, 여성도 권력자의 위치에 있으면 남성 권력자와 같은 생각과 행동을 할 수 있다는 전제에서 부하 직원을 차별할 수 있다고 가정한 것에 따른다.

그러나 여성이 항상 남성에게 성적으로 종속된다거나, 이성은 서로 성적 존재라는 이성애 제도만 고려하는 매키넌의 성희롱 이론은 '새로운' 존재들을 부인함으로써 피해 경험 중 어떠한 부분은 거부/강조되거나 설명되지 않을 수 있다.[32] 스스로를 이성애자로 정의하지 않는 여성, 즉 남성과의 관계와 분리 혹은 구별되는 여성끼리의 관계나 다른 정체성인종/민족, 계급, 직업 등을 가진 여성 상사 또는 부하 직원이 존재할 가능성을 배제한다. 레즈비언은 적어도 부분적으로는 남성의 영역 밖에 존재하며 그들의 지배 아래에서 벗어난다.

매키넌은 직장 내 권력 관계에서 다양한 정체성들이 존재

---

[32]   Same-sex sexual harassment: How the "equal opportunity harasser" became a legitimate defense, Author links open overlay panel David S. Sherwyn, Ezekiel A. Kaufman, Adam A. Klausner. https://doi.org/10.1016/S0010-8804(00)80025-7

할 수 있으며 성적 언동의 의미가 다를 수 있다는 것을 예측하지 못했다. 또 동성 간의 문제를 예측하지 못했거나, 동성 간의 문제를 이성 간의 문제와 같이 해석했다. 그러나 성희롱은 상대방을 성적 대상으로 간주하는 왜곡된 관습적 놀이 문화 이상으로, 상대방이 가장 취약하다고 간주되는 부분을 괴롭히는 불공정한 언동이다.

따라서 동성 간 성희롱 신고 사건을 기존 남녀고용평등법 절차로 처리하려면 피해를 주장하는 신고인의 피해에 대한 인식과 맥락을 잘 살펴야 한다. 물론 이성애 관계라 할지라도 계층, 직업, 인종/민족 등의 편견에 의해 억울한 가해 행위자 또한 발생할 수 있다는 것을 염두에 두어야 한다.

중산층 여자 대학생이 인종이나 계급이 다른 남성의 가해 사실을 신고할 때와 인종/민족이 다른 유흥업소 여성이 명문대 남자 대학생의 가해 사실을 신고할 때 누구의 진술을 더 신뢰할 만하다고 생각하는가? 또는 동성애자 여성과 이성애자 여성, 누군가가 여성을 성추행했다는 신고를 받으면, 당신은 누구를 행위자로 지목할 것인가? 당신은 특정 성 고정관념에서 얼마나 자유로울 수 있는가?[33]

---

[33]   이 부분에 대해서는 다양하게 교차되는 사례 연구를 통해 분석되어야 한다.

토론 1 — 성희롱 방지는 그 상황에 대한 정확한 이해를 통해 가능하다. 피해자 입장을 이해하기 위해 다음의 질문에 답해 보자. 원하지 않은 성적 언동을 한 사람이 누구인가? 상대방이 나에게 왜 그러한 언동을 했을까? 이때 '상대방'은 동의 여부를 묻거나 표현했는가? 또 나는 '나'의 어떤 부분이 불편했는가? 왜 그것이 불편하고 모욕적이었는가? '나'는 대체 누구인가?

토론 2 — 다음 예시를 통해 어떤 감정일지 토론해 보자. 이를 통해 성희롱의 판단 기준에 대해 고민해 보자. 또한 이상의 예시 이외의 다른 경우도 고려해 보자.

> 남성이 어깨를 만지면 불편하고 모욕적인가?
> 남성이 엉덩이를 만지면 불편하고 모욕적인가?
> 여성이 어깨를 만지면 불편하고 모욕적인가?
> 여성이 엉덩이를 만지면 불편하고 모욕적인가?
> 이때 '나'는 누구인가?
> 이때 만지는 자는 누구인가?
> 어떠한 상황인가?
> 이때 어떻게 대응했는가?

'피/해'를 비밀로 만드는 이유

1장

'해놈'를 묻지 않는 사회?:
피해자, 가해자만 궁금한 이유

성희롱이 드러나면 누구도 어떠한 맥락에서 발생했는지 묻지 않는다. 궁금해도 감히 묻지 못한다. 권력자가 자신보다 약한 자를 성적으로 괴롭혔다는 정도로 추측할 뿐이다. 소문만 무성하다. 왜, 어느 정도, 얼마나 성적으로 괴롭혔는지 아무도 모른다. '블랙박스에 넣어버린 성희롱'을 이제는 과감하게 열어야 한다. 그날 발생한 '해놈'를 물어야 한다. 피해자의 목소리를 들어야 한다. 그래서 행위자의 '성적'으로 괴롭히는 언동이 상대방마다 다르다는 것 그리고 성적으로 생각하지도 않는다는 것, 때로는 재미와 쾌락을 주는 그 언동을 상대방이 비웃고 있기도 하다는 것을 드러내야 한다. 단 '해놈'는 드러내되 피해자와 가해자를 궁금해하지 말자. 피해자를 불쌍히 여기고 가해자는 파렴치범으로 극단화하는 것을 중단하자.

가/해 맥락을
구체화하여 묻기

한 기관장이 직원 성추행 의혹으로 해임되었다. 회식 자리에서의 부적절한 신체 접촉 의혹이 언론에 드러난 것이 해임 사유이다. 공익적 이유인지 일시, 기관, 기관장 이름 등이 공개되었다. 그 이상은 드러나지 않았다. 피해는 블랙박스로 구체적이지 않다. 부적절한 신체 접촉 행위가 왜 어떻게 발생했는지는 모른다. 사건 당사자, 행위자, 조사자들의 비밀로 남았다. 그 맥락을 알게 되면 더 많은 것들이 밝혀질 것으로 보이지만 누군가가 블랙박스를 열길 바라면서 다음에서는 알려진 내용을 중심으로 질문한다.

기관장은 왜 부적절한 접촉을 했을까? 해당 행위가 왜 부적절한가? 그것은 상대방을 괴롭히는 폭력일까? 주변의 대응까지 포함하여 기관장의 가해 행위에 대한 맥락을 구체적으로 물어야 한다. 억울하다고 생각한다면 왜 그렇게 생각하는지도 물어야 한다. 물리적 폭력에서부터 심리적 폭력까지 강자의 폭력 역사는 주제별, 영역별, 정도별로 놀랍다. 잔인한 물리적 폭력뿐 아니라 천박한 모욕감을 주는 그 권력을 분석해야 한다. 힘을 가진 자가 마음대로 행할 때 거기서 오는 쾌락은 엄청나다. 특히 성적인 괴롭힘은 즐거움을 넘어 나중에는 습관적으로 중독된다. 그러나 권력자 당사자는 그 사실을 모를 수 있다. 그러니 그 언동을 물어야 한다. 다음은 묻는 방법을 간단하게 소개한 것이다.

1) 안정, 신뢰, 조사착수 이유 설명

정말 힘드시겠어요. 어떻게 이런 일이… 그런데 지금 상황은 심각합니다. 저는 조사자로서 그날의 상황을 묻습니다. 여러모로 속상하시겠지만 이러한 사실을 말하는 사람도 역시 속상하고 기가 막힐 것입니다. 저는 사실 그 자체만을 묻습니다. 물론 그 상황을 기억하는 당신의 해석이 있으리라는 것을 감안합니다.

2) 사실 확인

신고인은 ~라고 이렇게 말하고 있는데 사실인가요?

신고 내용에 근거하여 그날의 사실과 맥락 확인하기

3) 신고인 개인적 고통과 사회적 고통 '해(害)'의 합리성 탐색

3-1) 주변인 정황 등이 있을 때: 사실 확인 후 (신고인이 말하거나 주변이 말하는) 행위에 대해 대체 왜 그러셨어요? 무엇을 하신 것인가요? 그 언동이 정말 문제라고 생각하지 않으셨나요? 술 때문인가요? 아니면 그렇게 해도 된다고 생각한 것인가요? 등

→ 개인적, 조직적으로 상황이 힘들다는 것을 행위자로 지목된 사람이 깨닫도록 질문한다.

3-2) 신고인의 진술만 있을 때: 당신은 ~라고 말하고 있는데 그러면 상대방의 입장에서 잠시 생각해 볼까요? 기관장이 그렇다고 말하기는 쉽지 않거든요. 그 직원이 그렇게 말하고 있는 이유에 대해 한번 이야기해 보세요. 그날 그런 적이 없다고 부인하시는데 주변에서는 평소 기관장님의 행동에 대해 그렇게 말하지 않네요. 그러면 주변은 왜 그렇게 말할까요?

→ 주변의 진술을 확보하지 못할 경우, 본 사건은 개인적 문제로 끝날 수 있다. 따라서 민원, 신고를 한 당사자의 입장에서 사건을 볼 수 있도록 질문한다.

'술을 먹으면 개차반이 되는' 누군가를 모시는 참모의 이야기를 들은 적이 있다. 그 대표는 일반 음식점에서도 여성이면 사장부터 종업원까지를 대상으로 정말 말도 안 되는 '아재 개그'를 표방하면서 '뭐'라도 꼭 하는 사람이었다. 참모들은 술이 들

어가면 '개차반'이 되는 상사를 보호하기 위해 알코올을 중단시킨다고 한다.

그러나 그 대표는 기분이 너무 좋은 어떤 날에 술을 마시고 결국 사고_{강제 추행}를 쳤다. 하지만 진술 중에 그 대표를 포함한 참모들은 그러한 적이 없다고 했다. CCTV도 없고 같이 있던 참모들도 그런 적이 없다고 하니 피해자만 억울한 상황이었다. 필자에게 이 이야기를 해 준 참모는 한동안 양심의 문제로 괴로워했는데 다행인지 불행인지 피해자는 어떠한 대응도 하지 않았다고 한다. 대표는 그 사건 이후에도 계속 나쁜 짓을 한다며, 참모는 어떻게 해야 할지 상담했다. 결국에는 무슨 일이 터져도 터질 것이라고 불안하다며 도움을 요청했다.

이러한 상황을 모른 척하고 그 대표와 같이 만난 적이 있다. 여러 이야기를 하던 중 대표는 당시 언론에 등장했던 성추행 사건을 거론하며 너무도 뻔뻔하게 그 가해 행위자를 비난했고 딸가진 사람들이 이 사실을 알아야 한다고 흥분했다. 남자들을 조심해야 한다는 것이다. '술 먹으면 사람이 달라진다'는 등의 상투적인 이야기 외에는 경종이나 비판의 틈새를 발견하지 못한 필자 자신의 무능을 자책하면서 그 자리를 떠난 적이 있다. (그 대표는 결국 다른 성 관련 사건으로 재판을 받았다.)

놀랍게도 그런 행동을 하면서도 자신은 절대로 그런 사람이 아니라고 사실인 것처럼 말하는 사람, 자신의 행위가 그렇게 피해를 줄지 몰랐다는 사람, 술 먹어서 기억나지 않는다는 사람까지 다양하다. 정말 기억이 나지 않는 것인지, 아니면 시치미를 떼는 것인지 한동안 혼란스러웠다. 혹 기억을 없애기 위해 술을 먹는 것은 아닐까? 그리고 정말 '아닌가'라고 생각한 적도 있다.

일반적으로 직장 조직은 다음과 같은 성희롱 발생 가능성을 가지고 있다. ① 지위에 따른 위계가 있다. ② 비슷한 지위라 할지라도 남성의 성적 언동이 더 빈번할 수 있다. 물론 항상 그렇다는 것은 아니다. ③ 차별적 성적 언동을 서슴지 않게 행할 수 있는 이유는 권력이 있기 때문이다. ④ 권력이 있는 자에게 순간 저항은 어렵다. ⑤ 불쾌함은 기억하지만 그 상황을 인내한다.(때로는 무시하기도 한다.)

그러나 가해 행위자는 이러한 성희롱 발생 가능성에 관심이 없다. 권력이 영원할 것이라, 또 피해자가 말하지 않을 줄로 믿는다. 왜 행위자는 피해자가 가만히 있을 것이라고 믿는지 이상하다. 증거가 없기 때문에 그렇게 생각하는 것일까? 아니면 피해자도 즐긴 것으로 보여서? 행위자는 피해자에게서 '굉장히 불편하고 모욕적이다'라는 말을 들어야 그제야 안다. 그전에는 해당 성적 언동이 문제라는 것을 인지하지 못한다.

일반적으로 성적 언동은 상호 원해야지 가능하다고 가정되는 사적 행동이다. 따라서 권력자들은 '불편하다'는 등의 말을 해야, 즉 문제를 제기해야 문제가 있다는 것을 안다. 말하지 않거나, 문제 제기를 하지 않으면 문제가 없는 것으로 받아들인다. 권력자는 말하지 않는 상대방을 헤아리기까지 배려하지 않는다. 아니 권력자는 그러한 배려를 할 필요가 없다. 해당 언동은 행위자에게는 폭력도 아니고, 성적 언동도 아니었다. 그냥 의미

없는 행동, 재미있는 놀이 정도였을지 모르겠다. 그러나 표현이 성적으로 보이니 성적 언동일 뿐이다. 거절하지 않으니 상대방이 수용한다고 생각한 것이다.

어떠한 성적 언동이 문제일 수 있다는 것을, 행위자도 피해자도 알지 못했던 역사가 있다. 어떠한 성적 언동은 단지 공적인 장소나 어떠한 관계에서 금지되는 행위였기 때문에 문제일 뿐이었다. 밝혀지지 않으면 '다행스럽게' 그냥 넘어가도 좋았다. 권력자의 부적절한 성적 언동은 개인 취향의 문제로 치부하고 불편해도 인내하는 것이 더 나았다. 그래야 다 살 수 있었다.

> "거칠게 말하면 '개 같은' 꼴을 보면서도 제가 왜 25년을 그냥 이렇게 보냈는지 알아요? 보통 때는 괜찮아요. 사람도 좋고 부인도 잘 알아요… 여자를 좋아하는 것인지 뭔지, 성향이 그런 것 같아요. 술만 먹으면 미친다? 그럴 수도 있고, 평소에도 그런 성향이 있어요. 왜 그럴까요? 25년간 직장을 다니면서 나도 문제라고 느끼지 못했어요. 처음에는 아니다 싶었는데 워낙 사람이 좋으니까 넘어갔던 것이죠." (45세 여, 제조업 부장)

결국 폭력 기억에 대한 진술은, 반은 사실이고 반은 거짓이라는 누구도 다 아는 결론에 도달했다. 행위자는 상황에 맞게 거짓말과 참말을 하고 있다. 증거가 없을 것 같으면 '그런 일이 없다'고 완강하게 부인하고 증거가 있을 것 같으면 '기억나지 않는다'라고 말하는 식이다.

피/해 직면하기:
'차별'의 성애화(sexualization)

안타깝게도 피해자들은 자신이 경험한 성적 언동은 기억하나, 불쾌한 그 언동의 원인이나 맥락을 잘 설명하지 못했다. 단지 억울함만 기억했다. 또 자신이 왜 그 대상이 되었는지, 자신의 문제가 무엇이었는지, 그리고 왜 그 당시 저항하지 못했는지를 말하기에만 집중했다. 자신의 문제가 무엇인지보다 자신의 고통이 더 크기 때문이다. 횡설수설하는 이야기를 듣다 보면 필자도 결국 필자가 아는 피해자들의 이야기 선에서 질문하고 정리하고 있다.

피해자는 때때로 불쾌했지만 그것이 문제인지를 몰라 말하지 않았고, 그것이 문제라는 것을 알았을 때는 말하는 것이 오히려 오해를 받는 상황이라 말하지 못했다. 또는 자신에게 불리한 영향을 미칠까 말하지 않았다. 한참 후 말하려니 타인을 설득하거나 입증하기 어려웠다. 해당 성적 언동을 경험한 자신만이 말할 수 있었으며 당사자가 말하지 않으면 드러나지 않았다. 때로는 피하는 것이 더 나은 것 같아 그냥 피했다.

하지만 피해자는 결국 말한다. 그날의 언동 또는 지속된 고통을 말하게 하는 힘은 무엇인가? 100번도 더 고민하다가 말했다는 어떤 피해자는 "말하지 않으면 죽을 것 같아서 말했다"고 했다. 그/그녀들은 더 잃을 것이 없을 때, 더 감내해야 할 필요가 없을 때 상대방을 '응징'하기 위해 말한다.

그러나 당시 상황을 증빙할 녹음물이나 영상물이 없을 때, 그리고 주변의 참고인 등의 도움을 받을 수 없을 때 피해를 주장하는 자는 침묵하거나 미칠 수밖에 없다. 이것이 더러운 권력의 수렁에 빠진 피해자들의 일반적 일상이다. 그날의 문제 언동이 무엇이든 한마디로 정리되지 않는, 억울하고 화나는, 왜 문제인지는 모르겠으나 틀림없는 문제라고 주장하는, 가해 행위에 대한 공통성은 무엇일까? 피해자들이 입은 '해害'는 무엇일까?

피해자는 '해害'가 무엇인지는 모르겠으나 행위자를 응징하고자 다른 사람들에게 그날의 상황을 알리길 원한다. 자신을 괴롭히는 구체적이고 것을 밝히고 싶어 했다. 이는 괴롭힘의 내용이 왜 성적으로 구현되는지에 대한 질문에 답을 찾아가는 과정이다.

리아 하퍼Leah Halper, 킴벌리 리오스Kimberly Rios가 2018년에 수행한 연구에 따르면, 성적 괴롭힘은 사회적 지위를 유지하고자 하는 심리와 관련이 있다고 한다. 남성/권력자가 그가 가진 높은 지위에 대해서 불안을 느끼거나, 남들이 자기 힘을 우습게 여기는 것 같다고 느낄 경우에 이를 무마하기 위해 성적 괴롭힘을 행사할 수도 있다는 것이다. 성적 괴롭힘은 단지 성적 만족이나 즐거움을 넘어 타인의 눈에 자신이 어떻게 보일지, 다시 말해 충분히 영향력 있는 사람으로 보일지에 대한 것이기도 하다.

따라서 남들이 자신을 '자격 없는 권력자'라고 보지 않을지 걱정하는 남성/권력자의 경우, 여성을 성적으로 비하하고 위협하는 등 약자를 상대로 한 성희롱을 감행하여 본인의 사회적 지

위를 유지하려는 확률이 좀 더 높아진다는 것이다.[34] 주변의 잠
정적 가해자들이 그들의 불안감을 견뎌내도록 도와줄 뿐만 아
니라 나아가 그들이 자칫하면 성적 괴롭힘을 저지를 수도 있음
을 미리 경고하는 방안으로 성적 괴롭힘 방지 훈련 프로그램도
있음을 덧붙였다.[35]

이처럼 강간을 위시한 성희롱 등은 행위자의 권력에 관한
문제이며 섹스,[36] 쾌락, 성적인 문제이기도 하다. 단 성적인 문제
로 언급될 때 개인적 문제로만 취급될 수 있음을 우려한다. 아직
까지 성적인 문제는 개인의 성적 본능, 심리, 정신 이상 등으로
간주하는 경향이 있다. 그러나 남성으로서 자신의 남성성을 확
인하는 작업이 성폭력·성희롱 일 수 있다는 것은 선행 연구[37]에
서 많이 언급되었다. 남성 상사가 남성 직원에게는 폭력을 사용
하고 여성에게는 성과 관련된 폭력인 성적 언동을 행사함으로
써 권력과 자신의 남성성을 확인한다는 것이다.

34 Nauert, Rick(2018.7.12.), Does Insecurity Drive Men to Sexual Harassment? Psych Central. Retrieved from https://psychcentral.com/news/2018/07/12/does-insecurity-drive-men-to-sexual-harassment/136918.html

35 Kuehner-Hebert, Katie(2018.7.23.), Job performance insecurity may drive workplace sexual harassment. benefitspro. Retrieved from https://www.benefitspro.com/2018/07/23/job-performance-insecurity-may-drive-workplace-sex/?slreturn=20180826221637

36 〈Psychology Today〉라는 웹사이트(2016)에서는 "Rape is Not (Only) About Power: It's (Also) About Sex"라는 주장을 통해 행위자의 섹스 실행 과정을 분석하고 있다. 더욱 자세한 내용은 다음 링크를 참고. https://www.psychologytoday.com/us/blog/insight-therapy/201602/rape-is-not-only-about-power-it-s-also-about-sex

37 남성성과 성폭력 관계를 고민할 수 있는 연구로 권김현영 편(2017), 『한국 남성을 분석한다』; 최태섭(2018), 『한국, 남자』 등을 참조.

친밀한 관계에서 행해지는 쾌락과 고통에 관한 욕망섹스을 권력에 기대어 자기 마음대로 한다는 것은 개인적 고통 이상의 사회적 고통을 만든다. 특히 (성)차별적 조직에서 자기 마음대로 성행위 요구부터 접촉 등의 추행, 강간 등을 통해 권력자가 약자를 조정, 통제할 수 있음을 규제하기 시작했다. 이것이 바로 성희롱 제도이다.

일반적으로 성 관련 '피해'는 성적 자기결정권 침해[38]라고 한다. 가장 좁게 이해하면 타인과의 성관계성적 언동를 할 수 있는 권리와 책임을 침해했다는 것이다. 그러나 노동 현장은 성적인 합의나 권리를 논의할 수 있는 장소가 아니다. 특히 고용 업무 관계에서 공식적으로 성적인 것은 전제되지 않는다. 따라서 고용 업무 관계에서 일방의 폭력적인 언동을, 접촉 부위나 내용이 성적이라 하여 성적 자기결정권 침해라고 하는 것은 동등한 성적 관계를 상정하는 것처럼 느껴진다. 직장 내에서 누군가를 동료나 부하 직원이 아닌 성적 대상으로 인식하여 함부로 대해 일하는 데 어려움을 주었다면 노동권의 침해이다.

그래서 필자는 혹 조직 내의 누군가에 의해 모욕감, 불쾌감을 느꼈다 하더라도 그것이 바로 성희롱이라 명명하는 것은 무리가 있다고 본다. 개인적으로 모욕감을 느꼈을지라도 성희롱으로 판단되려면 피해자를 부하나 동료가 아닌 성차별적으로 대우하여 일하기 어렵게 했다는 노동권 침해가 강조되어야 한다.

---

[38] 장다혜(2018), "형법상 성폭력법체계의 개선방향: 성적 자기결정권 의미구성을 중심으로", 『여성학논집』, 제35집 2호, 37~86쪽.

반면 불쾌감이나 모욕감을 느껴도 (상사로서 갖는 관심이나 애정, 또는 성격으로 여기거나, 해당 언동에 암묵적으로 동의해서) 일을 잘 할 수 있다면 성희롱이 아니라고도 할 수 있기에 그 맥락을 살펴야 한다. (직장 내 괴롭힘 규정이 신설되었으니 이 또한 자세히 살펴봐야 한다). 직장인은 소위 '영혼을 팔아 돈을 번다'고 하는데, 이러한 모욕이 성희롱이 아닌 것처럼 말이다. 물론 그 언동이 성희롱이 아니라 해서 잘했다는 것은 아니다. 행위자의 성적 언동을 부적절한 성적 언동으로 해석하는 순간 근본적인 변화보다 그 언동만 제재할 수 있기 때문이다. 성희롱의 '해[害]'를 더 명확하게 하자는 것이다.

성희롱의 '해[害]'는 상대방을 전혀 고려하지 않는 쾌락·즐거움을 오용·남용할 수 있는 개인의 권력과 이러한 권력을 실행해도 괜찮았던 차별적 사회 구조의 결합으로 일할 수 없게 하는 불공정한 억울함이다. 또는 이러한 고용 환경에서 일할 수밖에 없는 약자의 처절함이다. 그리고 이런 상황을 모욕적으로 만들어 침묵하게 만드는 방관자의 무관심이다. 결국 성희롱은 직장의 한 인간이자 노동자로서 일하도록 보장해 주는 노동권의 침해로 그 상황을 떠날 수 없는, 그러나 떠날 수밖에 없는 약자에 대한 생존권, 인격권 침해로 사회적 고통이다.

수치심으로
피해자를 부끄럽게 만들고
가해자를 악마로 만든다?

행위자는 조직 내 성적 언동을 경험한 자가 부끄러워하여 순응할 수 있을 것이라 생각한다. 행위자 입장에서 성적 언동은 권력과 쾌락에 관한 것이기 때문이다. 그렇다면 피해자에게 피해가 무엇인가? 너무도 다양하지만 최근 만난 피해자는 다음과 같이 말했다.

"엄마는 부끄러워서 어떻게 사냐고 매일 우셔요. 그놈이 나쁜 놈인데 너도 비난하니 회사를 옮기라 해요. 어차피 비정규직인데 이만한 일 못 구하겠냐고. 회사가 힘들면 장사라도 같이 하자고. 그런데 솔직히 전 부끄럽다고 생각해 본 적이 없어요. 부장의 그 행동을 성추행이라고 하던데 내가 왜 부끄러워해야 하죠? 주변에서 수군거리는 느낌은 있어요. 내가 누구인지 궁금해하는 것 같아요. 그래서 그만두고 싶기는 해요. 그러나 억울해요" (28세 사무직).

피해자는 가해자가 자신의 가슴을 만진 행위 그 자체보다, 일을 하는 직장이라는 곳에서 성적 대우를 받았다는 사실, 자신이 그 대상여자이 되었다는 사실, 그럼에도 싫다고 하지 못한 사실, 때로는 싫은 척하는 것이 알려질까 조심했던 사실, 그럼에도 그만두어야 하는 사실 등이 너무 더럽고 치사하고 모욕적이라고 했다. 억울하다고 했다.

이처럼 약자/피해자는 강자/행위자의 '원하지 않는 성적 언동'을 성적 수치심으로 인지하는 것이 아니라, 일하는 노동자가 아닌 성적 대상으로 취급되었다는 차별, 위협, 모욕 등으로 인지하고 있었다. 사회에서는 그 감정을 수치심이라고 말하는데 피해자는 권력자보다 낮은 위치에서 만나는 그 감정, 거부되고 조롱당하고 노출되고 존중받지 못해 고통스러운데 왜 수치심羞恥心을 느껴야 하는지 되물었다. 또 피해자들은 행위자의 언동을 성적으로 부끄럽다고 여기지 않으니 성적 수치심이라는 단어는 더 이상 적합하지 않다고 말한다.

사전적 의미의 '수치심'은 '다른 사람을 볼 낯이 없거나 스스로 떳떳하지 못함. 또는 그런 일'을 나타내는 단어로써 이는 피해자가 느껴야 할 감정이 아니라 오히려 가해자가 느껴야 할 감정이다. 권력자가 약자를 함부로 하는 그 낮은 위치를 부끄럽게 여긴다면, 낮은 위치에 있는 자들은 모두 수치스러워해야 한다. 낮은 위치를 자랑스러워할 것도 없지만 그렇다고 부끄러워할 것도 없다. 만약 이러한 점이 잘못이라면 고저를 설계한 사회 구조가 변화되어야 한다.

너스바움[39]은, 수치심shame은 자신의 약점이 노출되었을 때 생기는 고통스러운 감정으로 전지전능함과 완전함, 편안함을 바라는 유년기의 욕구 속에 존재한다고 한다. 이러한 수치심으

---

[39]   마사 너스바움(2015), 『혐오와 수치심』, 민음사.

로 자신을 비정상으로 구별하며 자신이 무엇인지, 누구인지에 대해 부끄러워한다. 따라서 수치심을 통해 자존감을 처벌하는 것의 위험성을 경고한다.

상대적으로 박탈감을 느끼게 하는 것, 누군가를 비정상으로 위치시키는 수치심 처벌은 위험하다. 이것은 피해자뿐 아니라 가해자에게도 바람직하지 않다. 비록 권력자가 성적 언동을 통해 상대방의 낮은 위치와 자신의 권력을 확인하는 폭력을 했다 할지라도 강력한 법적 처벌과 별개로 가해자를 만천하에 공개해 수치심을 느끼도록 하는 처벌에 대해서는 많은 고민을 해야 한다.

그러나 대중은 가해자나 피해자가 누구인지 궁금해한다. 낱낱이 신상을 털어 가해자나 피해자를 속속들이 알고 싶어 한다. 나쁜 놈의 얼굴을 확인하고, 저주하고 비난하면서 혹시나 만날 수 있는 가능성을 차단하고 거리 두기를 하기 위해서이기도 하다. 물론 '해놈'를 비난하면서 행위자를 응징하는 쾌락은 크다. 행위자를 비정상이나 괴물로 낙인찍는 것은 행위자가 아닌 자를 안전하다고 여기도록 만든다.

또 이러한 궁금증은 가해자가 가해를 할 만한 사람인지 아닌지, 피해자는 피해를 당할 만한 사람인지 아닌지, 기존의 자신의 믿음과 통념에 의거해 판단하는 자료가 된다. 가해자와 피해자는 성경험, 직업, 나이, 외모 등을 중심으로 그러한 행위를 가할/당할 만한 사람인지 아닌지를 판단당한다. 예를 들어 아동은 성적인 존재가 아니기에 아동 피해자는 불쌍하고, 태어나자마

자 보육원에 버려진 가해자는 폭력적일 수밖에 없으니 사건의 이해를 요구하는 등의 인식은 인간과 사회에 대한 왜곡된 통념을 강조한다.

성희롱·성폭력을 방지한다는 미명 아래, 과거의 어린 시절부터 현재까지 그 사람의 인생을 '깡그리' 드러내는 방식은 폭력적이다. 피해자의 목소리를 통해 피해를 명확하게 알리라는 것은 피해자가 어떤 사람인지를 알아내거나, '답이 정해져 있는 사회'가 규정하는 수치심 등의 '해害'를 강조하라는 것이 아니다. 또 과거의 경험을 분석하여 그 사람이 누구인지를 파악해 '해害'를 규명하라는 것 또한 아니다. 다른 목소리를 들어야 한다.

성차별적 조직에서 어떻게 일해야 하는지, 동료·부하와 어떻게 관계를 맺어야 하는지 배우지 못한 사람들이 관습적 언동으로 상대방을 괴롭힌다는 것을 잘 알지 못했다. 때로는 괴롭힌다는 것을 알아도 자기 방식으로 합리화하느라 무엇이 문제인지를 성찰하지 못했다. 그렇다고 그들이 악마이거나 괴물인 것은 아니다. 자신의 잘못을 알고 반성하기 위해서는 성차별적 구조에 대한 인식과 함께 개인의 삶에 대한 여정을 '조용하게' 들여다 볼 필요가 있다.

앞으로는 그/그녀들의 모욕, 분노, 혐오의 상황과 맥락에 대한 다른 목소리를 듣는 방법에 대해 고민해야 한다. 그래서 행위자의 의도를 적극적으로 부정하고 드러내야 한다. 이를 위해 가해자·피해자라는 '사람'을 궁금해하지 말고 '해害'가 무엇인지, 어느 정도인지, 왜 그 가해를 하게 되었는지, '해害'를 입은 사람은 조직에서 어떻게 되었는지 그리고 성차별적이고 위계적인 조직과 사회의 변화를 위해 어떻게 해야 할지 적극적으로 묻기를 제안한다.

토론 1 ─ 주변에 누군가가 성희롱 관련 피해를 호소하면 잘 듣자. 그/녀가 호소하는 그 피해가 무엇인지, 일단 들어보자. 그리고 그때 느낀 감정들을 나누어보자.

토론 2 ─ 당신은 왜 행위자나 피해자가 누구인지 궁금해하는가? 혹 언론에서 드러난 성관련 사건에 대해 어떻게 반응했는지, 그래서 지인에게 어떻게 전달했는지 토론해보자.

2장

피해자는 순수하지 않다?:
즉각 저항하지 않는/못하는 이유

피해자도 사람이다. 성희롱당하는 순간 거짓말을 하거나 침묵하기도 한다. 또 괜찮은 척하기도 한다. 당황스럽고 이해할 수 없는 상황이라 순간 얼어 버리기도 하지만 그 상황에서 살아남기 위해 가만히 있기도 한다. 그러나 그 상황에 지목되고 선택되었다는 사실, 살아남기 위해 침묵했던 그 비굴함, 다른 대처를 하지 못한 후회와 분노는 생각할수록 모욕스럽고 싫은 기억이다. 이처럼 성희롱 행위에 대해 침묵한 이유가 사람들이 생각하는 대로 수치스러워서가 아니라 다른 목적이었다면 그 목적은 비난받아야 하는가? 그렇다면 이는 피해가 아닌가? '그 언동을 당한 자'는 피해자라는 이름으로 '침묵을 깨고' 한 인간으로서 견딘 그 '모욕감'과 그 목적에 대해 발화하기 시작했다. 그러면 피해자가 아닌 것인가?

살기 위해
말하지 않았다

피해자가 순수하지 않다/는 말은 그 자체로 위험한 말이다. 하지만 이는 당연한 사실이다. 피해자는 특별하지 않다. 우리 모두와 '같은' 사람이다. 피해자는 그/그녀의 긴 인생 중 어느 순간에 피해를 겪었을 뿐이다. 피해가 지속되기도 하지만 사이사이 수많은 다른 삶을 살아왔다. 피해자라는 정체성은 그/그녀의 수많은 정체성 중 하나일 뿐이다.

그래서 '피해자는 순수하지 않다'는 의견도 사실은 말이 되지 않는다. 그럼에도 피해자에 대한 의심[40]에 대해 써 보려 한다. 불쾌한 사건을 경험한 사람은 기억의 착오로 또는 그렇게 생각하기 때문에 '거짓말'을 할 수도 있고, 하기도 한다. 의도적으로 왜곡된 진술을 할 수도 있다. 고통은 그/그녀의 맥락에 있다. 하지만 그 고통을 성희롱으로 해석하고 판단할지는 다른 사람의 몫이다.

당사자가 아닌 자들이 피해자의 진술을 믿지 못할 때 하는 질문이 있다. 당하는 그 순간 왜 말하지 않았는지? 피해 상황에서 피해자가 저항하지 않고 때때로 순응·협력·공모한 것이라면 피해자라고 할 수 있는지? 하는 질문이다. 피해자에 대한 이러한 질문은 성 관련 피해의 특수성을 이해하지 못할 경우 당연

---

40   졸고, 경향신문, "피해자에 대해 궁금해하지 말라", 2018.2.11.

하게 이뤄진다.

필자는 이제까지 법적인 강간 빼고는 모두 경험했다. 대학 2학년 농촌 활동 중에 필자 옆에서 자고 있던 '친한' 선배가 필자를 성추행하기도 했다. 그 순간 잠이 깼는데 어떻게 반응해야 할지 고민했던 기억이 선명하다. 다음날 아침, 라면을 먹으며 '잘 잤는지' 묻는 선배에게, 웃으면서 '잘 잤다'고 거짓말을 했다. 지금도 그 장면이 떠오른다.

세월이 한참 흘러 필자는 성희롱·성폭력 관련 전문가가 되었다. 한 회식 자리에서 지위가 높은 사람이 손가락으로 필자의 가슴을 '쿡쿡' 찔렀지만 자연스럽게 피하면서 어떠한 대응도 하지 않았다. 필자는 그 언동이 필자를 부끄럽게 한다고 생각하지 않았다. 단지 사람을 함부로 대하는 품격 없는 행동을 하는 저질이라고 비웃었다. 당시 손가락으로 찔린 가슴은, 필자의 '가슴'이 아니었다.

필자는 다음날에도 그 저질을 아무렇지도 않게 만났으며 이후 술자리에 나오라는 전화도 여러 번 받았다. 때로는 거절하기도, 때로는 나가기도 하면서 몇 년을 보냈다. 술자리에서 행해지는 언어 성희롱에 대해서도 역시 무시했으며 특별한 영향을 받지 않았다. 불쾌했다기보다 여전히 한심한 '찌질이'로 생각했지만 가르친다고 들을 것 같지도 않아 가만히 있었다. 시간이 흐를수록 필자의 지위가 명확해지면서 상황을 컨트롤할 수 있는 자신감이 생겨 필자뿐 아니라 타인을 모욕적으로 대하는 행동을 성희롱이라고 정정하고 개입했다.

그렇다면 필자는 그 전에 왜 아무렇지도 않은 척 침묵하거나 거짓말을 했는가? 왜 적극적 거부를 하지 않았는가? 또 이후에라도 왜 대응을 하지 않았는가? 미투를 하고 있는 이때 왜 지금도 가만히 있는가? 필자는 그 자리에서 살아남아야 했다. 그 순간 저항하면 모든 것이 '망가질 것', 모든 것을 '잃을 것'이라는 두려움도 있었다.

필자는 상대방이 치졸하고 천박하고 무식하다고 자위하면서, 적합한 단어는 아니지만 그냥 무시했다. 나를 가지고 노는, 함부로 하는 상대방이 한심했다. 그 당시의 언동 어떤 것도 솔직히 필자의 마음을 동요시키지 못했다. 그냥 상대방이 불쌍한 존재로 보였다.

그래서인지 그 자리를 지켰다. 물론 그 비굴함이 나를 화나게 하기도 했다. 모래성에서 무엇을 쌓고 있는가? 끊임없이 묻고 또 물었다. 차별적인 언동, 심지어는 가슴에 손을 대기도 하는 행위를 저지하거나 막지 않았다. 그 행동이 불편한 것은 맞지만 그렇다고 수치스럽거나 혐오스럽지 않았다. 때로는 아무런 생각이 없기도 했다. 그렇다고 그 상황을 필자가 원했거나 동의했겠는가? 물론 아니었다. 그렇다면 필자는 피해자인가? 성희롱 상황을 예측하여 준비하기도 했고 그에 맞게 대응하기도 했다. 그러면 필자는 가짜 피해자인가?

필자는 권력자에게 적극적으로 거부 의견을 표현하지 않아 결과적으로 해를 입기도, 해를 입지 않기도 했다. 비굴하게 '노동권'은 지켰지만 비굴하게 '행복권'은 지키지 못했다. 하지만 그 상황을 예측하고 필자에게 유리하게 반응했다는 점에서 필자는 불쾌한 성적 언동 경험을 한 '행복권' 피해자이다. 그 언동에 대해 필자가 만약 신고한다면 그 언동은 분명 성희롱으로 판단될 수 있다.

필자는 그 권력 관계에서 약자였지만 그 권력을 박차지 않았다. 어떻게 보면 비굴하게 고개 숙인 것이었다. 살기 위해서였다. 그래서 필자는 필자를 해를 입은 '진짜' 피해자이거나, 적극적으로 비굴하게 반응한 '가짜' 피해자라고 정의하기보다 가짜와 진짜 어디에도 속하지 않는 피해자로, 즉 다른 단어로 정의하고 싶었다. 오죽하면 성희롱·성추행 피해자가 아닌 행복권 피해자라고 명명했을까? 하지만 이러한 발화를 할 기회는 없었으며, 적합하게 정의할 수 있는 단어 역시 없었다.

필자는 한동안 비슷한 경험자들을 만나면서 '피해자被害者', 즉 해害를 입은 사람이라는 용어 사용에 반대했다. 교통사고 피해자, 화재사고 피해자는 예측하지 못한 일을 일방적으로 당했기에 그/그녀를 피해자라고 표현한다.[41] 그러나 교통사고 사건 피해자와 성희롱 사건 피해자는 다를 수 있지 않은가? 결과적으로 '해害'를 입은 것은 사실이나, 예측할 수 있었던, 누구나 알고 있는 '해害'를 경험한 것이라면 이를 '해를 입은' 피해자라고 할

---

[41] 해를 입은 사람이라는 피해자라는 용어를 고통에서 살아남았다는 '생존자'라는 용어로 대체하자는 의견도 있다. 하지만 필자는 피해자나 생존자라는 용어 모두에 문제가 있다는 입장이다. 필자는 경험자라는 용어를 제안하기도 하였으나 이는 피해자, 생존자라는 용어와는 달리 대중적으로 대체·인정되지 않았다. 여기에서는 맥락에 따라 피해자, 경험자, 당사자, 진술자, 보고자 등의 용어를 사용한다.

수 있겠는가? 비굴하게 노동권을 지켰지만 인간으로서 평등하게 존중받을 수 있는 권리가 침해되었으니 피해자는 피해자이다. 단 사황에 따라 그 '해害'의 내용과 정도의 차이가 있다.

회색지대라서
말하지 않았다

'동의'가 한국 사회에서 갈수록 중요해지고 있다. 여성/피해자의 주체성을 위해 그/그녀의 생각을 듣는 것은 중요하다. 성적 언동이 발생한 상황에서 거부를 했는데도 강행하면 성희롱·성추행이다. 동의해야 만이 가능한 언동이라는 것이다. 그래서 동의와 거부 의사 표현이 성희롱 입증 시 중요 요건이 된다.

그러나 조직 내 권력자의 성적 언동에 대해 동의나 거부를 표시한다는 것은 약자의 입장에서 쉽지 않다. 물론 그럼에도 의사 표현은 지속해야 한다. 적극적인 동의의 '좋다'는 먼저 행위를 제안하거나 행위를 같이하자고 말을 하는 경우인데 조직에서 약자의 행위로는 일상적이지 않다.

그러다 보니 적극적 동의를 제외하면 상하 관계에서 지위가 높은 사람의 성적 언동에 대해 좋다yes는 반응보다 침묵 등의 무반응을 보이게 된다. 간혹 맞장구를 치기도 하지만 대체로 동의도 거부도 하지 않는다. 이는 관계 양식 또는 개인의 특성과도 관계가 있다.

'내일 양평에 있는 맛집에 가자'는 필자의 문자에 딸과 남편 모두 읽어도 답이 없다. 둘을 오랜 시간 관찰해 온 필자의 추측에 따르면 딸은 동의하지 않은 것, 남편은 동의한 것이다. 따라서 내일 딸은 가자고 해도 안 갈 것이고 남편은 가자고 하면 갈 것이다.

같은 무응답인데 딸은 간다고 하지 않았으니 가지 않을 수 있고, 역으로 남편은 가지 않겠다고 하지 않았으니 갈 수 있다는 정 반대의 결과일 수 있다. 이러한 소통 방식은 누구에게 권력이 있는지에 대한 관계의 문제로도 볼 수 있지만 사람마다 다른 소통 방법, 관계 양식과도 연관된다. 이것 또한 항상 일관된 양식은 아닐 것이다. 자신의 스타일에 따라 상대방과의 관계에 작동하는 것이리라. 또 '맛집에 가는 것'이 반응/무반응하는 자에게 그리 중요한 문제가 되지 못하기 때문이기도 하다.

이러한 점은 성희롱 발생 상황에서도 여러 가지 양상으로 작동할 수 있다. 아주 친밀한 상하 관계에서는 명확한 대응을 굳이 할 필요가 없는, 업무와는 상관없는 일상의 언동으로 인식하여 신경 쓰지 않는다. 또 상사라서 지적하거나 저항하기가 그리 쉽지 않았을 수도 있고, 또 중요하지 않은 것이라 대응하지 않은 것일 수도 있다. 따라서 동의 표현과 거부 표현 사이의 침묵/무대응의 회색지대를 고려해야 한다.

침묵/무대응은 사람에 따라 동의일 수도 있고 거부일 수도 있다. '양평 맛집'에 대한 대응이 극과 극인 것처럼, 어떠한 권력 관계에서 의사를 표현하지 않는 것은 수용 가능한 것이기에 그러할 수도 있고 수용 가능하지 않은 것이어서 그러할 수도 있다.

또 말도 안 되는 것이라 무시한 것일 수도 있다.

약자의 성

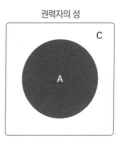

권력자의 성

A: 주체적으로 동의한 성
B: 무대응·침묵
C: 주체적으로 거부한 성

회색지대 : 동의와 거부의 틈새[42]

　위 그림은 거부와 동의 사이에 있는 회색지대를 표현한 것이다. 2004년도 강의 때는 여성과 남성을 명기했지만 현재에는 여성/남성이 아닌 보고자/약자와 행위자/권력자로 변환하였다. 일단 원하지 않는, 거부를 표현한 C의 상황은 입증의 문제가 있기는 하지만 3자 포함 누구나 신고할 수 있다. 그러나 B의 회색지대 상황은 어떻게 설명할 것인가? 과연 성희롱으로 판단하고 신고할 수 있는 상황인가? 성희롱 판단 시 쟁점이 되는 지점이 바로 이 무대응의 회색지대이다. 회색지대는 과연 성희롱인 것인가? 개인적인 고통인 것은 확실하지만 성희롱으로 판단하려면 그 스펙트럼은 다양해진다. 권력이 회색지대에서 어떻게 작동하는지 각 입장에 따라 몇 가지 상황을 살펴보자.

42　약자와 권력자는 관계적인 지칭이다. 즉 상황에 따라 약자 보다 더 약한 자가 있을 때에는 약자도 권력자가 된다.

권력자 입장: 성적 언동을 작동시키는 상황들

권력자는 어떤 언동도 동의받지 않고 시작한다.

권력자는 상대방의 반응을 신경 쓰지 않는다.

권력자는 분위기의 맥락을 주도한다.

권력자는 언동의 결과를 고려하지 않는다.

권력자는 자신의 감정에 충실할 뿐이다.

권력자는 쾌락과 권력을 즐긴다.

약자 입장: 회색지대의 다양한 상황들

약자는 아닌 것 같아 나름 아니라고 표현한다.

약자는 주변의 도움을 은밀하게 요청했지만 도움받지 못한다.

약자는 그 상황이 불쾌하고, 원하지 않지만 제지하지 않는다.

약자는 가만히 있을 경우와 제지할 경우 각 선택을 고민한다.

약자는 제지하지 않고 따르는 것이 더 나을 것 같다 생각한다.

약자는 그 언동에 대해 큰 의미를 부여하지 않는다.

약자는 그 언동 활용 여부를 생각 중이다.

이후 도전과 치유를 힘들게 하는 상황들

상대방은 부인했고, 무시했다.

주변에서도 그만 끝내는 것이 좋다고 나에게 조언한다.

상대방이 결국 사과했고 처벌도 받았으나 나는 여전히 힘들다.

이제는 관여하지 않는다. 때로는 무시한다.

때로는 그러려니 협상한다.

잊는다.

내 일이 아니다. 나는 어쨌든 살아남았다.

그런데 이제는 어린 후배들이 당한다.

그러다가 또 당했다.

더 이상 참을 수 없다.

말하는 것이 더 낫다.

회색지대의
순수할 수 없는
다양한 피해자들

피해被害란 해를 '당하다, 입다'의 의미로 당사자가 '원하는 행위'가 아니다. '잃었다'는 손실과 손해의 뜻이다. 억울하고 화가 날 수밖에 없다. 이러한 전제에서 권력에 대한 침묵/무대응을 '동의'로 해석하면 피해도, 피해자도 아닐 수 있다. '거부'로 해석하면 피해이며 피해자가 된다.

영화 〈엘르〉[43]는 혼란스럽고 파격적이다. 그래서 많은 사람들이 불편해했다. 이해하기 어렵다는 것이다. '강간당한 것 맞아?'라는 질문은 영화를 본 사람들의 가장 놀라웠던 반응 중 하나였다. 아마도 이 질문은 등장인물이 강간당한 피해자스럽지 않게 행동했기 때문일 것이다. 그녀는 강간에 대해 일반적인 공식대로 대처하지 않는다. 특히 복면 강도강간인데도 경찰에 신고하지 않는다. 보통이라면 과연 이해할 수 있을까? 이처럼 이 영화 속 인물은 평소에 알고 있던 강간 피해자의 통념과는 다르게 표현된다.

마찬가지로 영화 〈오아시스〉[44]에서 주인공 공주가 분명 동

---

[43] 〈엘르〉는 당당한 여인 미셸의 집에 침입한 괴한에 대해 자신만의 방식으로 범인을 추적하며 복수를 향한 욕망을 다룬 2017년 폴베호벤 감독 작품이다. 끔찍한 복면 강도강간에 대해 미셸은 경찰에 신고하지 않고 기존의 방식과 다르게 대처한다. 보통이라면 경찰신고를 하지 않을까?

[44] 〈오아시스〉는 교도소에서 막 출두한, 모든 사람이 꺼리는 종두와 뇌성마비를 가진 공주의 엇갈린 운명에 대해 보여 주는 2002년 이창동 감독 작품이다. 보여 주는 것 이면의 진실에 대한

의하지 않은 종두의 성적 접근을 두고 평론가, 여성단체는 장애인 강간이라 비판했다. 그러나 영화는 '사랑'이라고 말하고 있다. 공주는 거부하지 않는다. 한 번도 관심받아 본 적이 없었던 주인공, 공주는 그 행위를 원했는지도 모른다. 그 당시는 강간이 아니었을지라도 친고죄가 폐지된 지금 강간으로 판결 날 수도 있다. 공주가 강간이 아니라고 탄원서를 낼 수도 있겠다. 그러나 장애를 가진 공주는 탄원서를 쓸 수 없다. 장애인 성폭력 사건은 많은 고민을 하게 한다.

영화 〈더 스퀘어〉[45]에서 '그녀'는 성관계 이후 놀라운 사실을 말한다. 위력이지만 그 위력이 섹시하다고! 위력에 의한 강간/성관계 경험자는 그 위력을 거부하지 않는다. 침묵한다. 섹시하기도 하고 어쩌면 거부하지 않는 것이 그 상황에서 일을 잘하는 방식이기 때문이다. 그녀에게는 이것이 곧 생존이다. 안○○ 전 도지사 위력에 의한 간음 사건 판결 이후 다시 본 이 영화 역시 많은 고민을 하게 한다.

이처럼 원하지 않는/불편한/위력적 성적 언동에 대해 경험자의 반응은 다양하다. 그렇다면 가짜 피해자는 누구인가? 무고죄로 처벌받는 신고인인가? 또는 법/제도적인 판단을 받기 전의 신고인은 아직 피해자가 아닌가? 그런데 왜 피해를 주장하는

다양한 생각을 하게 하는 영화이다.

[45] 〈더 스퀘어〉는 블랙코미디 장르로 성폭력 관련 영화가 아니다. 루벤 외스틀룬드 감독의 2017년 영화로 황금종려상 작품이라 우연히 보다가 2018년 위력에 의한 간음이 이 사회를 강타하는 바람에 다시 보게 되었다. 성관계도 블랙코미디 같아 인용을 망설였는데 성관계를 하게 되는 맥락과 그 이후를 고민할 수 있어 선택했다. 원래 성관계가 이렇지 않을까 해서 말이다.

가? 그렇다면 피해를 주장하면 다 피해자인가? 반대로 피해를 주장하지 않는다면 피해자가 아닌가?

침묵한 자가 이후에 문제를 제기하면 그/그녀는 대체로 가짜 피해자로 오해받기도 한다. 그래도 권력 때문에 거부의 의미로 순응하고 침묵했다면 이후 '무력하지만 피해자'로 인정받는다. 이를 위해서는 누가 봐도 엄청난, 거부할 수 없는 권력자이어야 한다. 따라서 성희롱을 인정받으려면 큰 권력에 무대응하거나, 저항하지 못했지만 지속적으로 거부했다는 것을 입증해야 한다.

그러면 피하고 싶지만 피할 수 없고, 또 그 행위를 감수했을 때 오는 '이익'이 있어 가만히 있었다면 이는 동의나 거부라는 이분법으로 판단할 수 없게 된다. 위 그림에서 설명한 것처럼 무대응 회색지대의 의미가 상황을 활용하기 위한 동의의 의미이든, 상황을 피하고 싶은 거부의 의미이든 확실한 것은 그 순간 '살아남기 위해' 무대응 했다는 사실이다. 이처럼 그 스펙트럼이 넓다. 그래서 살아남으려 했던 다양한 내용을 드러내야 한다.

바우만은 개연성이 무작위적으로 분배되지 않은 어떤 공간을 마주칠 때 이를 '구조'라고 설명한다. 존재론적으로 구조는 상대적인 반복 가능성, 사건들의 단조로움을 뜻한다. 인식론적으로 구조는 이 때문에 예측 가능성을 의미한다.[46] 따라서 회색지대는 권력자의 성적 언동에 대한 약자의 침묵이나 무대응의

---

46   지그문트 바우만(2013), 『현대성과 홀로코스트』, 새물결.

반복 가능성, 예측 가능성을 통한 어떤 현실을 말한다.

문 의장 사태가 발생했을 때 이 사태를 만든 자유한국당 성인지 감수성을 비난하면서 '진짜' 피해자를 걱정하는 우려가 있었다. 그 피해자라고 주장하는 임 의원은 '가짜' 피해자로 고통스럽지 않을 수 있다는 전제이다. 누가 가짜와 진짜를 구분하는지, 그 기준도 참 단조롭다. 그 상황을 혹 설계했다 할지라도 그 순간 '양 볼을 사로잡히는' 순간 의원임에도 볼이 잡힐 수 있다는 그 위치와 문제를 인식했다면 분명 가짜 피해자는 아닐 수 있다.

물론 이를 설계했기에 불쾌하지 않을 수 있으며 그 언동에 대해 정치적으로 활용하기도 했다. 그 순간 임 의원의 솔직한 감정은 모르겠다. 그러나 확실한 것은 자신보다 지위가 높은 사람으로부터 자신의 '양 볼을 만질 수 있는 권력'이 작동했다는 것이다. 여기서 임 의원의 반응이나 감정보다 더 중요한 것은 여성의 양 볼을 만질 수 있는 권력이다.

이제까지 그 어떤 범죄보다 성범죄는 피해자와 가해자의 관계, 가해자의 의도와 행동만큼이나 피해자의 감정, 욕망 등 상황을 중요하게 고려했다. 그래서 피해자의 '이익'이 강조되면 피해로 인정받기 어려웠다. 오히려 피해자가 되기 위해서는 해당 언동을 '원하지 않았다. 당했다'는 것을 설명해야 한다. '같이 즐기고 좋아했다'거나 해당 언동으로 이익이 있었다면 피해로 인정받기 어렵다. 그래서 피해자는 자신의 맥락을 잘 설명하지 못했다. 의도하지 않게 피해자는 '순수'해야 했다.

그러나 그 순간 저항하지 않았다고 해서, 때로는 저항하지 않는 것이 살아남을 수 있는 방법이라 가만히 있었다고 '해害'가 아닌 것은 아니다. 피해자의 이익[47]을 위한 찰나의 선택, 권력이 무서워서 피한 행동, 피할 수 없을 바에는 상대방과 잘해 보기 위해 했던 다양한 생각, 그 상황을 인내하기 위한 (순수하지 않은) 노력 등이 있었다고 해서 가해 행위가 면제되거나 합리화될 수 없다. 그리고 약자가 괜찮다고 해서 그 사실이 없어지는 것도 아니다. (물론 상황이 의도적으로 연출되었다면 전후 상황을 잘 읽어야 한다.)

해당 행위가 무엇이며 그 행위로 인한 '해害'가 무엇인지, 특히 '해害'로 입증되려면 피해자가 말하는 피해가 '맥락적인 타당성'을 가져야 한다. 이를 위해서는 피해자의 '이익'과 상대방의 '행위'가 등가 될 수 있는지도 질문해야 한다. 약자가 그 '해害'를 무엇으로 등가·치환했는지 무대응의 이유를 고민해 봐야 한다. 그래서 권력과 협상할 수밖에 없는 약자의 다양한 스펙트럼, 즉 무대응을 선택하는/선택할 수밖에 없는 것이 더 이익인 구조와 그 선택의 다양성을 문제화해야 한다. 바우만이 말한 대로, 반복·예측 가능한 구조에서 과연 약자가 어떻게 살아남기를 실행하는지, 회색지대를 해석하는 것은 정치적인 것이다.

따라서 회색지대의 다양한 스펙트럼을 하나의 목소리로 통

---

47   피해자의 그 순간을 설명하는 적합한 단어에 대해 고민했다. 살아남기 위한 피해자의 욕망, 원함은 매우 적극적이고 강렬해서 피해자의 이익이라는 중립적인 단어로 설명했다. 맥락에 따라 욕망이라는 단어로 설명하기도 했다.

일하기보다 다양성을 드러내는 것이 권력과 구조 비판에 더 효과적이다. 엄청난 권력자가 아니더라도 성희롱이 가능할 수 있으며, 권력을 가하더라도 그것이 성희롱은 아닐 수 있기 때문이다. 권력을 가진 자와 가지지 않는 자라는 조직 내에서의 위계처럼 욕망은 자연스럽게 이분되지 않는다. 욕망은 관계 안에서 교차되면서 충돌한다. 그리고 때로는 비켜간다.

성적 언동이 발생하는 순간, 약자는 일방의 성애화된sexual-ized 권력의 작동으로 혼란스러워한다. 많은 피해자가 그 순간을 이렇게 기술했다. "이것은 뭐지?" 그러나 그 짧은 순간에도 약자는 약자이기에 다양한 선택지를 가질 수 있다. 당황, 혼란, 분열의 무대응은 이후 언어를 갖는다. 그 혼란을 해석하고 선택하는 것은 그 상황에서의 약자이기 때문이다.

'해害를 원하는 사람은 없다'는 것을 믿는다면 피해자의 관점이란 피해자라고 주장하는 사람의 입장에서 다양한 선택지를 고려하고 그 맥락적 타당성을 고려하는 것이다. 즉, 약자의 해석에 주목해야 한다. 또 피해자에서 행위자로 관심을 옮겨 '해害'를 찾아야 한다. 조직에서 그/그녀들은 '해害'를 원하는 것이 아니라 지속적으로 일할 자리를 원한다. 이것을 위해 권력자의 언동에 대응하는 맥락을 잘 읽으면 그/그녀들이 주장하는 고통이 '해害'라는 이름을 부여받게 된다. 법적, 조직적 처벌이 가능한 피해강간, 강제 추행, 성희롱, 괴롭힘 등에서부터 처벌하기 어려운 '해'까지 이름을 갖게 된다.

그러나 원하지 않은, 당한, 입은 '해害'로서의 '피해被害'라는 명명은, '해_害'를 입힌 가해_{加害}가 입증돼야 '해_害'로 설명된다. 또 '해_害'를 입었기 때문에 원하는 것이 아니니 즉각 저항해야 한다. 때로는 성이 자본으로도 작동하는 사회에서 가해/피해의 구분은 명확하지 않을 수도 있다. 그래서 어떠한 성적 언동이 '해_害'일 수 있지만 그렇다고 모든 개인이 자신을 피해자로 해석하는 것은 아니다. 따라서 가해자, 피해자라고 사람을 투명하게 지목하는 것은 이 사회의 다양하고도 교차적인 불평등 구조를 은폐하며 '해_害'를 개인 간의 문제로 환원할 수 있다.

토론 1 — 각자가 생각하는 피해자는 어떠한 모습인가? 왜 그래야 한다고 생각했는가?

토론 2 — 신고 보고자reported person, reporter, 경험자experience speaker, 피해자victim, 생존자survivor 등 '해_害'를 경험하고 말하는 자에 대한 명칭이 다양하다. 당신은 어떻게 명명하고 싶은지 그 이유를 설명해 보라.

토론 3 — 순수한 피해자는 없다. 그럼에도 그 행위가 '해_害'인 이유는 무엇인가? 알고 있는 사건을 중심으로 토론해 보자.

나는 괜찮은데 너는 모욕적이라고?:
그럼에도 3자가 신고해야 하는 이유

직장에서 성희롱이 발생하고 있다는 것을 알아 버렸다. 과연 알릴 것인가? 아니면 모른 척할 것인가? 남녀고용평등법 제14조는 성희롱을 인지하면 사업주에게 신고할 수 있다고 하지만 실상 3자 신고는 복잡하다. 약자인 직장인은 당사자여도 직장을 떠난다고 결단할 때만 신고한다. 3자 신고의 경우, 피해자 동의 아래 대리할 수 있지만, 문제적 상황이라 할지라도 피해자가 동의하지 않는다면 신고는 쉽지 않다. 조직 문화 개선을 위해 큰마음 먹고 3자가 신고한다 할지라도 현행 절차에서는 그 목적을 달성하기 어렵다. 또 비밀 유지도 쉽지 않다. 더구나 성희롱 자체가 '비밀'이라고 말하는 순간 3자 신고는 더욱 어려워진다. '비밀'이라고 간주되는 언동을 3자가 무슨 이익을 보겠다고 신고발설하겠는가? 명분만 있는, 비어 있는empty 3자 신고 제도를 활성화하기를 원한다면 성희롱 규제 목적, 처리 절차 등을 다시 설정해야 한다. 그렇지 않으면 3자 신고 제도는 오용, 남용될 수도 있다.

연희와 수정은
어떻게 해야 하는가?

연희는 김 부장의 끈적거림이 싫다. 여직원들을 챙겨준다며 커피를 사 주겠다고 불러내지만 짜증 날 때가 많다. 특별히 연희를 생각해 준다면서 '여성이 살아남으려면 이렇게 해야 한다'는 충고도 자주 한다. '남자와 잘 지내기 위해 애교를 가져야 한다, 많이 웃어야 한다…' 다 기억할 수 없을 정도로 잔소리가 많다. 또 옷차림에 대해서도 품평을 한다. 언제까지 이 잔소리를 들어야 하는지 싶으면서도, 그렇다고 아버지 같은 사람에게 항의하기도 어렵다.

어깨를 자주 두드리기도 하며 손을 잡기도 하지만 성희롱이라 특정하기에는 명확하지 않다. 또 자연스럽게 넘어가서 그 순간을 사진 찍거나 녹음할 수도 없다. 그냥 망설이면서 피하는 것이 능사다. 그런데 정미는 그러한 김 부장의 언동에 대해 불만스러워하면서도 때로는 이용하기도 한다. 밥도 얻어먹고 차도 얻어 탄다. 연희는 자신이 예민한 것인지 자문해 본다. 직장은 원래 이렇다고 하는데 연희는 잘 버틸 수 있을지 걱정이다.

연희와 정미의 상황을 우연히 알게 된 수정도 고민이 많다. 김 부장은 수정에게도 치근댄 적이 있다. 김 부장은 여직원들 공공의 적이다. 50대 남성 상사가 '꼰대'인 것은 그냥 '팩트'이다. 아버지에게 하듯이 무시해야 하나? 하나하나 따지기 시작하면 일을 할 수가 없다. 그냥 넘어가는 것이 상책이다. 또 대리 진급이 목전인 수정은 근평을 가지고 있는 김 부장과 좋지 않는 관계를 갖는 것이 두렵다.

연희나 수정은 이런 사실을 성희롱 관련 인사부서나 감사부서에 상담 또는 신고할 수 있다. 남녀고용평등법 직장 내 성희롱 발생 시 조치 조항, 제14조 제1항은 누구든지 직장 내 성희롱 발생 사실을 알게 된 경우 그 사실을 해당 사업주에게 신고할 수 있다. 따라서 연희나 수정은 신고할 수 있으며 또 제2항인, 사업주는 제1항에 따른 신고를 받거나 직장 내 성희롱 발생 사실을 알게 된 경우에는 지체 없이 그 사실 확인을 위한 조사를 하여야 한다.

특히 이 법은 강력하게 "사업주는 직장 내 성희롱과 관련하여 피해를 입은 근로자 또는 피해를 입었다고 주장하는 근로자 이하 '피해근로자 등'가 조사 과정에서 성적 수치심 등을 느끼지 아니하도록 하여야 한다."라는 조항도 있다. 이 법대로만 되면 연희나 수정은 피해 신고인의 지위가 생기며 불이익 조치를 받지 않는다.

그러나 연희나 수정은 신고를 주저하고 있다. 수정 역시 연희에게 비슷한 고민을 하고 있다고 말하지 않는다. 연희를 대리하여 3자 신고도 할 수 있다지만 과연 연희가 수정의 신고를 좋아할지도 수정에게는 고민이다. 연희와 의논하지 않고 김 부장의 행태는 여러모로 문제가 있으니 인사부서에 상담, 신고할까 싶기도 하지만 김 부장과의 관계를 생각하면 그것도 고민이다.

만약 김 부장 관련 사실이 알려지면 어떤 일이 생길까? 수정과 연희의 경험은 성희롱으로 입증받을 수 있을까? 성희롱으로 판단된다 하더라도 그 일이 없어질까? 앞으로 김 부장 지시대로 일을 잘 할 수 있을까? 또 김 부장은 어떻게 대응할까? 과연 조직은 김 부장을 지지할까 아니면 수정이나 연희를 지지할까?

피해 당사자 연희가
신고하기 어려운 이유

2018년 여성가족부 성희롱 실태조사[48]는 피해자가 성희롱 관련 문제 제기를 하지 않은 이유, 드러내고 싶지 않은 이유를 다음과 같이 분석했다.

'참고 넘어감'이라 응답한 비율은 81.6%로 대다수를 차지한다. '동료에게 의논함'이 8.6%, '사과 요구' 등 개인적 처리가 6.9%, '상급자에게 알리고 조치를 상의' 1.1%, '사내 기구를 통한 공식적 신고' 0.8%, '외부에 공식적 신고' 0.0%로 성희롱 문제에 거의 대응하지 않고 있는 실정이다. 대응을 하더라도 개인적으로 하고 있으며 직장 내 공식 절차를 이용하지 않고 있다. 연희와 수정의 현재 상태를 그대도 보여 주고 있다.

---

[48] 2018년 성희롱 실태조사는 양성평등기본법 제32조에 근거하여 3년마다 수행되며 2015년 조사에 이어 두 번째로 실시되었다. 공공기관과 민간 사업체의 일반 직원 및 성희롱 업무 담당자를 대상으로 성희롱에 대한 인식과 실태 및 관련 제도의 운영 현황 등을 파악하여 향후 효과적인 성희롱 방지 정책 수립 및 개선을 위한 기초 및 근거자료 제공을 목적으로 한다(여성가족부, 〈2018년 성희롱 실태조사〉).

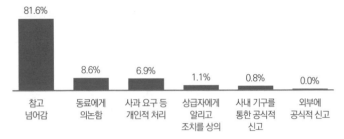

성희롱 대처 상황(여성가족부 2018 성희롱 실태조사)

특히 민간 사업체의 '참고 넘어감' 비율83%이 공공기관78.7%
보다 높았고 성별로는 남성이 87.9%로 여성의 78.6%보다 높았
다. 고용 형태별로 보면 '참고 넘어가는' 비율은 정규직 83.2%,
비정규직 70.5%이고 '참지 않는' 비율은 비정규직이 정규직보
다 13% 이상 높았다. 여기서 성희롱은 노동권과 깊은 관계가 있
음을 알 수 있다. 이는 참고 넘어간 이유에서도 드러난다. '큰 문
제라고 생각하지 않아서'가 49.7%, '문제를 제기해도 해결될 것
같지 않아서'가 31.8%, '행위자와 사이가 나빠질까 봐'가 30.3%,
'소문, 평판에 대한 두려움' 등이 12.7%중복 응답로 나타났다.

공식 통계에서도 피해자는 연희나 수정처럼 사내 절차를
거의 이용하지 않았다. 성희롱이라고 인지하고 있어도 사내 처
리 절차를 이용하지 않는 이유는 신고했을 때의 결과와 신고하
지 않았을 때의 결과를 따져보았기 때문이다. 과연 어느 것이 이
익일까? 이제까지는 '문제를 제기해도 해결될 것 같지 않아서'
라는 이유에 착목해서 문제를 해결하기 위한 절차나 법을 만드
는 데 집중했다. 그러나 피해자가 신고하지 않는 이유에는 '해결

될 것 같지 않아서'도 있지만 신고가 당사자에게 큰 이익이 없기 때문이기도 했다. 과연 직장인에게 '해결'이란 무엇일까?

또 성희롱에 대해 '큰 문제라고 생각하지 않아서'라는 50%의 인식 아래 숨어 있는 구조는 무엇일까? '성희롱이 큰 문제라고 생각하지 않는다'는 답변은 성인지 감수성이 없고 관습적인 언동이니 문제가 아니라고 생각해서 가능할 수 있다. 그래서 직장 내 성희롱 방지 교육을 통해 성인지 감수성을 높이는 운동과 정책을 해왔다. 이것도 분명 필요하다.

그러나 정말 '큰 문제'가 아니라고 생각한다면 직장인이 생각하는 큰 문제가 무엇인지를 찾아야 한다. 혹 성희롱이 '큰 문제'가 아니라 '작은 문제'라고 생각한다면 성희롱 예방 교육 내용을 바꾸어야 한다. 작은 문제인 성희롱을 신고해서 '큰 문제'에 손실이 생긴다면 누가 신고하겠는가?

직장인에게 큰 문제는 일단 '직장에서 살아남는 것'이다. 노동할 수 있는 권리 침해에 대한 대응은 다음 일 수 있다. 직장에서 살아남기 위해 소신도 정의도 버릴 수 있다. 아니 배신도 할 수 있다. 상사의 뜻에 따라 살아남아 승진한다면 성희롱이 뭐 그리 큰 문제이겠는가?

강간 같은 것이 아니라면 언어적 불쾌감이나 성차별적 상황은 넘어갈 수 있다는 것이다. 성희롱도 노동권 침해 중의 하나이지만 만약 성희롱을 제기하여 근본적으로 노동할 권리를 잃는다면 굳이 신고할 필요가 없다. 이것이 바로 정규직보다 비정규직이 성희롱을 더 많이 신고하는 이유이다.

따라서 성희롱 방지는 노동권 보장을 통해 가능하다. 성희롱 처리 절차 역시 궁극적으로 일을 잘 할 수 있도록 조직 문화 개선을 위해 작동하는지 살펴봐야 한다. 3자 신고도 같은 맥락에서 작동한다. 앞으로 더 많은 사례를 통해 성희롱이 '큰 문제'가 아니라고 생각하는 이유를 더 섬세하게 분석해야 한다.

피해자를 더 힘들게 할 것 같아 신고를 고민하는 수정

이 사회에서 살다 보면 일상적으로 경험하는 고통스러운 해harm가 있다. 미세먼지로 인한 기관지 고통에서부터 미디어에서 재현되는 꾸밈 노동을 보는 고통까지 다양하다. 그러나 그 고통은 모든 사람에게 같지 않다. 직장에서도 같은 언동을 두고 누군가는 힘들어하고 고통스러워하지만 또 다른 누군가는 즐거워하며 순응하고 공모하기도 한다.

그러나 '해harm'를 원하는 사람은 없다. 그래서 피해자가 아니라 '해harm'만 알리는 것이 3자 신고의 목적이다. 3자 신고는 직장에서 발생하는 고통/피해의 내용에 직면하는 것이다. 의도하지 않았던, 누군가에게는 전혀 문제라고 느끼지 못한 그 '해harm'의 내용을 드러내는 것이다.

3자 신고는 노동권의 중요 요소인 조직 문화 개선을 위해 누구나 문제를 제기할 수 있도록 만든 제도이다. 문제 있는 상사나 동료의 성적 언동으로 인해 일하기가 어렵다면 누구나 신고할 수 있어야 한다. 혹 피해자가 동의하지 않는다 할지라도 말이다. 3자 신고는 직장 내 성희롱이 개인적 문제가 아니라는 반증이다.

수정은 연희의 상황을 고려하지 않은 선택으로 의도하지 않게 연희에게 피해를 줄 수 있으며, 알리고 싶지 않은 비밀을 드러낼 수도 있다고 염려한다. 그러나 가만히 있으면 김 부장의 행태는 끝나지 않을 것이다. 일할 수 없는 환경이 지속 될 것이다. 수정은 김 부장을 응징하기보다 일할 수 있는 조직문화로 개선하고 싶다.

현재 성희롱 처리 절차는 피해자 동의 여부와 관련되어 있다. 혹 3자 신고로 인해 피해자가 더 큰 피해를 볼 수 있다는 전제에서 피해자에게 알린다. 혹 피해자가 동의하지 않아, 비밀 유지를 통해 피해자를 보호한다 해도 피해자에게 더 큰 어려움을 줄까 망설이는 것이다.

일반적으로 피해가 있으면 피해자도 있을 것이라고 가정된다. 특히 성범죄 피해자는 그 어떤 피해자보다 고통스러울 것이라고 걱정한다. 반면 가해 행위자는 악의 축이다. 그러다 보니 피해가 알려지는 순간, 피해자도 가해자도 알려지게 된다.

'해害'의 내용을 신고하기 위해 처리 절차라는 트랙에 타게 되면 누가, 누구를, 어디서, 어떻게, 그래서, 너는 등 6가지 원칙에 의해 피해자와 가해자 상황에 집중, 골몰하게 된다. 결국 직장은 평소 피해자와 가해자에 대한 통념에 근거하여 현실에서 드러난 자들과 비교하여 비판자, 방관자 그리고 조력자의 경계가 생긴다. 편이 갈리는 것이다. 피해자와 가해자를 드러내지 않고 피해만 드러내는 절차가 마련되어 있지 않으니, 현재 3자 신고는 피해자 동의에 의한 피해자를 대리하는 신고로 활용되고 있다.

박선영은 3자 신고의 어려움을 주장하면서 우려를 표한다.[49] 성희롱은 형법상의 범죄가 아니며 성폭력 범죄의 친고제 폐지와는 보호 법익, 처분 방식 등이 상이하다는 법리적 문제, 성희롱 사건의 해결 과정에서 피해자와 목격자에게 동일한 지위를 부여하는 문제를 우려하며 스스로 피해를 신고하지 못하는 열악함을 3자 신고로 보완할 것이 아니라 불이익 처우 금지의 실질화를 주장한다.

그러나 성희롱은 사업주에 의해 행위자에 대한 징계 처분 등을 의무화하는 간접 제재 방식을 통해 규제되는 사회적, 조직적 문제이다. 개인적 문제가 아니다. 그래서 3자는 피해자의 굴욕적이고 모욕적인 감정을 신고하는 것이 아니라 '일할 수 없는 적대적 상황'을 신고하는 것이다. 피해자를 대리하기 보다 자신도 일하고 있는 조직의 문제를 직접 신고하는 것이다.

그렇다면 3자 신고를 활성화하기 위해서는 엉킨 실타래를 어디서부터 풀어야 하는가? 이 문제는 1장에서 언급한, 피해가

49　박선영(2019), "성희롱 규제의 변화가능성 모색: 정의, 제3자 신고제도를 중심으로", 〈성희롱 규제 20년, 현재와 미래〉, 국가인권위원회·한국젠더법학회 추계공동학술대회, 한국여성정책연구원 제25차 젠더와 입법 포럼

무엇인지에 대한 질문을 다시 소환한다. 어떠한 언동이 당사자에게 굴욕스럽지 않다고 해서 '해_害'가 아닌 것은 아니다. 때로는 성적 언동을 '업무'로 간주해 굴욕스러워도 인내할 수도 있고 활용(?)할 수도 있다. 다른 이유로 그 상황을 비가시화한다고 해서 '해_害'가 없는 것은 아니다. 그래서 3자는 당사자 동의 없이도 신고할 수 있다. 피해자를 거론하지 말고 굴욕을 인내하게 하는 상황, 성적 언동이 무엇인지 규명하기 위해 신고해야 한다.

그러나 성희롱이 무엇인지, 보호 법익과 성희롱 처리 절차의 괴리를 정리하지 않는다면 또 성적 굴욕감 또는 혐오감을 느끼게 하는 등의 피해자 감정에 기반하여 조직적인 변화보다 행위자 징계 등의 해결을 요청한다면 3자 신고는 잘 활용되지 않을 것이다. 그럼에도 3자 신고를 원래 목적대로 절차를 마련하지 않은, '비어 있는empty' 제도로 남겨두면 악용될 수 있다. 예를 들어 의도를 갖고 누군가가 지금의 3자 신고 제도를 이용·남용·오용하여 '문제 있는 사람'을 없애기 위해 활용할 수도 있다.

굴욕을 인내하게 하는 상황,
그래서 일하기 어렵게 하는,
'해_害'를 전달하자

이제까지 피해를 진술하고 입증해야 하는 자는 피해자였다. 그러나 피해자와 가해자가 누구인지 밝히지 않고 조직 문화 개선을 위해 신고하는 것이라면 3자 신고는 효과적일 수 있다. 문제가 되는 '해톨'가 무엇인지만 밝히면 된다. 그 언동을 '누가' 했는지가 아니라 조직 문화를 훼손하는 언동이 무엇인지에 주목하는 것이다. 바로 '해톨'를 만드는 환경을 변화시키는 것이다.

작은 기업에서 '부사장과 여직원이 사귄다'는 성적 소문이 났다. 한 달도 지나지 않아 기업의 누구나 다 알고 있는 비밀이 돼 버렸다. 이러한 소문이 어디서 기인했고 어떻게 전파되었는지를 조사하는 것보다 성적 소문이 무엇이고 성적 소문 유포가 어떠한 결과를 가져오는지에 집중하자는 것이다. 성적 소문 당사자의 일할 수 없는 환경은 다른 직원에게도 해당될 수 있다. 또 성적 소문이 유포되어 누구를 즐겁게 했는지 왜 그러한 종류의 소문이 유포되는지, 그 구조를 살펴야 한다.

'해톨'는 난폭한 힘이라는 의미의 폭력暴力으로, 여직원이 부사장과 사귄다는 성적 언동이 문제가 아니라 그러한 내용이 소문으로 유포되는 것이 문제이다. 권력자의 뒤풀이 대상으로 소문이 난 상황, 인격체 직원으로 대우하지 않는 난폭한 힘이 성희롱이다. 이처럼 '해톨'는 약자를 함부로 하는 권력자의 태도와 행위이다. 같이 있었던 사람은 다 알고 있다. 그러나 제지하지 않았다. 때로는 같이 즐겼다. 그냥 눈감았다. 이것이 직장 내의 '해톨'이다.

이제는 피해자의 동의 여부나 행위자의 인정 여부가 아니라 '해톨'의 내용과 그것을 만든 구조에 집중하자. 신고인의 반응이나 감정도 충분조건이 아닌 것처럼 피신고인의 감정이나 언동도 충분조건이 아니다. 3자 신고는 왜 이러한 상황을 신고하는지 그 이유만 명확하면 된다. 그런데도 모욕감, 수치심 등 피해자 관점에 집중한다는 이유로 피해자의 그 모욕감을 합리적으로 설득하기 위해 애를 쓴다.

그러나 대체 어떠한 상황에서 누가 누구에게 무엇을 했고, 만약 그 순간 거절, 거부하지 않아 상호 동의한 것처럼 보였어도, 또는 행위자가 의도하지 않았어도, 때로는 그 맥락이 의도된 설계라고 할지라도 더 나아가 '해害'를 입은 사람이 괜찮다 하더라도, 그러한 언동을 작동할 수 있게 하는 권력이 무엇인지 그 권력에 대한 감수성을 갖는 것이 피해자 관점이다.

다음은 3자가 당사자인 피해자의 진술을 듣거나 목격 이후 그 상황을 책임 있는 기관이나 사람에게 전달할 때 고려해야 할 피해자 관점이다. 명분만 있는, 비어 있는 3자 신고 제도가 되지 않기 위한 최소한의 지침이다. 결국 제3자는 피해자/보고자의 진술을 통해 '해害'를 전달하는 역할을 해야 한다.

피해를 전달하는 3자가 피해자와 만날 때 고려해야 할 원칙
Principles of victim-centred work[50]

1. 들으라. 보고자의 말을 멈추지 말고 들으라. 혼란까지 포함하여 보고자가 말할 공간과 시간을 줘라. 듣는 것은 심문이나 조사가 아니다. 사실을 결정하거나 신뢰성을 테스트하는 것이 아니다. 고통을 성찰해라. 디테일을 요청하지 말라.

2. 스스로 정보를 가지라. 많이 알수록 듣는 동안 공통의 요소를 식별하는 것이 더 능해진다. 이것은 상대방이 혼자가 아니라는 것을 알게 하여 그/그녀를 도울 수 있다.

3. 최초의 만남에서 사용된 언어를 고려하라. 고소자(complainant)보다는 신고자, 보고자(reporter)가 더 대안적이다.

4. 상대방과의 소통과 대화 기술을 위해 지침(protocol)를 고안하라.

5. 보고자의 안전, 사생활, 복지를 우선시하라. 그들이 무엇을 필요로 하고 어려워하는지를 물으라.

6. 학대, 폭력의 대상을 책망하지 말라. 또 연민이나 공감을 표현한다고 보고자의 말이 완벽한 사실일 것이라 동의할 필요는 없다. 대신 인간으로서 공정하게 듣고 지지할 권리가 부여되어 있다는 것을 알라.

7. 성적인 폭력, 학대, 괴롭힘 등은 (인내할) 고통을 가져오고, 작업장이나 수업을 일시적으로 철회할 수 있다는 것을 알려줘라.

---

50 https ://www. unwomen.org/en/digital-library/publication/2019/09/discussion-paper-what-will-it-take -promoting-cultural-change-to-end-sexual-harassment를 참고하여 피해를 전달하는 3자 지침을 한국적 맥락에서 수정했다.

토론 1 ― 한국은 피해자 중심주의와 피해자 관점에 대해 고민이 많다. 아직도 피해자의 말을 믿지 못하고 폄하하고 왜곡하고 비난하는 일이 더 많지만 동시에 '피해자 말이면 다 옳고 진실'이라고 믿는 경향도 있다. 그러나 피해자 중심주의라는 것이 피해자 말을 모두 진실로 믿는다는 것은 아니다. 다음은 피해자를 만날 때 고려해야 할 중요 지침(UN WOMEN, 앞 글 참고)이다. 다음 지침이 왜 '피해자의 말을 진실로 믿으라'라고 오용되고 있는지를 토론해 보자.

1. 모든 상황을 컨트롤하라.
2. 사적이고 비밀인 이슈를 명확하게 하라.
3. 판단 없이 듣고 물으라.
4. 실행하기 전의 모든 과정을 보고자(피해자)가 알게 하라.
5. 보호와 안전을 확신시키라.
6. 가능하면 조사와 대화에서 절차와 규제를 시기적절하게 지키는 것을 확인시키라.
7. 조사 과정을 포함하여 모든 과정 동안 보고자와 행위자에 대한 동등한 대우를 확신시키고 관리하라.
8. 행정상으로 할 수 있는 행동을 준비하고 피해자가 원하는 것을 신속하게 고려하라.
9. 어떤 누구도 죄가 있거나 죄가 없다고 추정하지 말라. 단 피해자의 진술이 진짜로 발생했을지도 모른다는 가능성에서부터 시작하라.

토론 2 ― 사람의 진술을 듣고 믿는다는 것은 쉽지 않다. '어떤 누구도 죄가 있거나 죄가 없다고 추정하지 말라'[51]에 대해 행위자와 피해자의 진술 듣기의 어려움에 대해 토론해 보자.

[51]   "Assume neither guilt nor innocence: start from the possibility that what the victim is reporting may indeed have happened."

4장

누가 비밀이라 말하는가?:
비밀인데 다 알고 있는 '진짜' 이유

비밀 누설을 꺼리는 자는 가해 행위자이다. 피해자는 자신의 억울한 경험을 세상에 알리고 싶어 한다. 실명 공개를 해서라도 알리고 싶어 한다. 그러나 남녀고용평등법 등 관련법은 조사과정을 통해 알게 된 내용에 대해 '비밀'을 지키라고 한다. 억울한 사건이 왜 비밀인가? 또 어디까지, 그리고 누구에게 비밀인가? 그래서 이익을 보는 자는 누구인가? 성희롱·성폭력 사건은 더 이상 '비밀'이 아니다. 만약 비밀이 아닌 것을 비밀로 만들면 그것은 누구나 다 아는open 비밀일 뿐이다. 벌거벗은 임금님이 벗은 것을 백성 모두 알고 있는 것처럼 말이다. 권력자/가해 행위자만 성희롱 사건을 비밀이라 생각하고 있다. 비밀 누설 금지보다 '피해자를 비난하는 행위'를 금지하는 것이 더 중요하다. 정작 비밀로 지켜야 할 것은 피해 내용, 구조가 아니라 '사람'이다. 그 사람이 누구인지 궁금해하지 말아야 한다.

알리고 싶은 자와
알리고 싶지 않는 자

　딸을 죽인 범인을 잡지 못한 상태로 그 사건이 세간의 관심에서 멀어지자 엄마는 아무도 사용하지 않은 마을 외곽 대형 광고판에 도발적인 세 개의 광고세 줄의 문장으로 자신의 메시지를 전달했다. 그 메시지의 파급 효과는 컸다. 엄마는 죽은 딸의 범인을 잡기 위해 자신이 가해자가 되는 것을 두려워하지 않았다. 무서울 것이 없었던 것이다.

　세 개의 광고판을 통해 엄마는 진실을 알렸다. 그러나 가해 행위자의 실명 공개는 하지 않았다. 엄마는 자신이 누구이고 범인이 누구라고 밝히지 않았다. 엄마의 목적은 자그마한 공동체에 파문을 일으키고 관심을 촉구시키는 것이었다.

　RAPED WHILE DYING 죽어가면서 강간당했는데
　AND STILL NO ARRESTS? 아직도 범인을 못 잡았네?
　HOW COME, CHEF WILLOUGHBY? 윌러비 서장, 어찌 이런 일이?

　영화 〈쓰리 빌보드〉[52]는 '알리고 싶은 자'와 '알리고 싶지 않은 자'의 갈등을 잘 표현한다. 범인이 누구인지를 찾으려는 엄마

52　　마틴 맥도나 감독의 〈쓰리 빌보드〉(2018)는 딸의 강간 사건에 대해 수사를 요구하는 엄마 미드레드가 광고판에 자극적인 문구를 걸면서 시작한다. 피해자와 가해자의 실명을 공개하지 않는, 클리셰에 따르지 않는 방향으로 진행된 영화는 감동적으로 다가온다. 공동체가 비밀로 감춘 사건에 대해 엄마가 누구를 어떻게 공략하는지, 복수하기 위해 어떻게 스스로 거리 두기를 하는지 그 방식을 소개하고자 인용했다.

의 복수를 통해 비밀은 점차 알려진다. 갈등도 조금씩 해결된다. 딸을 강간한 범인을 찾는, 비밀에 직면하는 엄마의 증오심이 오히려 '감동'스럽다. 범인을 찾는 과정이 곧 엄마 자신을 찾는 과정이기 때문이다.

〈쓰리 빌보드〉의 광고판은 한국의 SNS라는 사이버 공간과는 다르다. 스웨덴의 미투도 누구도 공개하지 않는 방식으로 피해자도 가해자도 보호했다. 스웨덴 미투의 중심에 있었던 수잔나 딜버[53]는 익명성이라는 방식을 취한 이유에 대해 인터뷰에서 이렇게 말했다.

> "우리 개인의 경험이 얼마나 끔찍한 것인지, 각자가 어떤 위치에 있는지. 우리는 최선을 다해 일하는데 남자들을 선호하는 구조에 우리가 놓여 있다는 것, 결국 우리 모두 남자들만의 세상 속에 살고 있는 여자들이었다는 사실이었다. (중략) 익명의 고발은 이러한 문제가 얼마나 만연해있는지 보여주는 방식이다. 개개인에게 책임을 묻기보다 구조의 문제 여성에 대한 태도의 문제로 접근한 것이다. (중략) 500명 이상의 미투를 통해 남성 중심적 구조를 드러내고 싶었다. 이 방법이 폭도가 되지 않으면서 미투를 하는 법이라 생각했다."

53　스웨덴 미투 운동 활동가 수잔나 딜버는 연대의 중요성을 강조했다. 1997년부터 배우, 작가로 활동하며 2016~2017년 스웨덴 배우노조 대표를 역임했다. 한국여성인권진흥원과 서울시성평등지원센터가 공동으로 스잔나 딜버를 초청하여 2018년 10월 문화예술계 성희롱·성폭력 대책 토론회를 개최했다.

가해 행위자를 공개한 피해자를 보호해야 하는 한국과는 다른 맥락이다. 온몸을 던져 모든 것을 공개한 피해자이므로 피해자 입장에서 사실 관계를 해석하고 지원한다는 것이 미투 피해자에 대한 한국의 입장이다. 한국, 미국영화, 스웨덴의 사회·문화적인 맥락과 상황이 다르니 스웨덴의 방식이 옳다고 주장하려고 하는 것은 아니다. 다만 익명성이 피해자를 보호하는 또 다른 방법이 될 수도 있다[54]는 점을 소개하고자 했다. 스웨덴에서는 사람 대신 '구조'를 '익명'으로 고발했다. 정부와 사회는 즉각 응답했다. 증명도 설명도 가해자의 몫이 됐다. 이에 남성도 연대하고 지지했다고 분석했다.

그러나 한국 미투는 스웨덴 미투처럼 가해자를 '익명'으로 처리하기보다 공개하였다. 가해자가 누구인지에 따라 파급력이 달라졌다. 과연 관음증적인 한국 사회였다. '대단한 사람'이 미투 가해 행위자이거나 역시 '유명한 사람'이 미투 피해자로 등장했을 때 사회적 관심이 커져갔다. 물론 그동안의 여성 운동의 노력과 피해자의 분노가 큰 역할을 했다.

어떤 국가보다 인터넷을 통해 소통하는 사회, 연예인·스타·유명인의 사생활을 궁금해하는 사회에서 유명한 사람과 관련된 미투는 많은 사람의 관심사였다. 폭력의 심각성에 대한 감수성이라기보다 사생활에 대한 관심일 수 있다. 물론 변화도 있었다. 성폭력의 심각성이 강조되었다. 또 온몸을 내던진 피해자

---

[54] 한겨레 신문, "'#미투'에 대응하는 법, 스웨덴이 한국과 달랐던 4가지", 2018.10.08.

그리고 미투에 응답한 우리 국민의 힘도 느낄 수 있었다. 그럼에도 필자는 구조보다 사람의 모든 것이 드러나는 미투 방식에 대해 위험을 느낀다.

증오와 수치심
그리고 실명 공개

조○○의 미성년자 성폭행 의혹에 대한 기사를 본 적이 있다. 성폭행을 주장하는 다섯 번째 피해자 A씨의 사연 소개이다. 조○○는 이미 소멸 시효가 끝난 사건이며 화해 권고가 끝났다고 주장하고 있다. 변호인은 미성년자 성폭력이라 하더라도 공소 시효가 지났다고 볼 가능성이 상당하다고 설명했다.

필자는 실명까지 거론된 기사를 보며 그 배우가 출연한 영화, 드라마에 대해 실망감과 불쾌감을 넘어 분노했다. 일단 그 배우가 출연한 어떤 것도 보기 싫었다. 가해 행위자에 대한 안타까움은 전혀 없었다. 솔직히 그 배우의 입장은 생각하지 않았다. 이 사건과 별개로 자살한 가해자의 가족을 아는 지인의 전화를 받고 나서부터 가해 행위자의 실명 공개에 대한 생각이 복잡해졌다.

우리는 왜, 무엇을 위해 실명을 알아야 하는가? 아니 피해자 치유, 가해자 처벌도 어려운 상황에서 가해자를 신경 써 주는 것은 아닌가? 잘못한 사람을 알고자 하는 것은 당연한 것 아닌가? 그러나 가해자와 피해자의 공간 분리가 영원히 불가능하다면, 다시 일을 같이 해야 한다면, 2차 피해의 위험성으로 결국 피해자만 떠나게 된다면, 과연 실명 공개가 가해자 변화 그리고 응징에 있어서 효과적인가?[55]

반 성폭력 운동 초기에는 가해 행위자를 공개하기는커녕 피해자도 익명 상담전화를 통해 상담과 치유를 하면서도 신고를 통해 드러나는 것에 대해 고민하고 조심스러워했다. 성폭력 범죄의 처벌 등에 관한 특례법(성폭력 처벌법) 1994년 제정 약 20년 후 2013년에 친고죄[56]가 폐지되었다. 성폭력 사실은 부끄러운 것이 아니기 때문에 피해자 고소 없이도 수사를 할 수 있었으며 사실을 인지한 누구도 신고할 수 있다. 미투 역시 억울한 사실을 '공개적'으로 발화한 것이다.

그러나 현실은 여전히 피해자의 의사를 '존중'하면서 피해 사실을 수사하거나 조사해야 하니 쉽지 않다. 강간 피해자의 경우, 응급 키트 사용을 통한 증거 수집에 피해자의 동의가 절대적으로 필요한 상황이다. 또 사이버 공간의 피해에 대해 수사, 삭제 절차도 피해자의 동의가 절대적이다. 이러한 조건들은 개인 정보 보호라는 이유에서 일선 현장에서 합리화되지만 친고죄

---

55   너스바움은 실명 공개와 처벌의 관계를 범죄 예방의 효과를 들어 비판적으로 분석하고 있다. 범법자 얼굴이 공개되었을 때 수치심을 통해 처벌의 효과를 갖는다고 생각하는 것은 혐오와 증오, 낙인에 기반하기 때문이다. 이에 따른 건설적 수치심이 과연 가능한지를 묻고 있다. 상대적으로 동질적인 사회규범의 역할을 선호한다는 공동체주의자들의 수치심을 주는 행위에 대한 문제점에 대해 많은 숙의가 필요하다(『혐오와 수치심』 5장 참고).

56   친고죄는 범죄의 피해자, 기타 법률이 정한 자의 고소가 있어야 공소를 제기할 수 있는 범죄이다. 형법상 사지 명예훼손죄, 모욕죄 등이 친고죄에 해당된다. 친고죄는 피해자의 의사와 명예를 존중할 필요가 있어서라는 이유에서이다. 2013년 6월 19일 성폭력 범죄의 처벌 등에 관한 특례법과 형법 등의 개정에 따라 성범죄 관련 친고죄 조항이 삭제되었다.

폐지와 충돌할 수 있다. 조사 과정에서 당사자 동의는 개인정보를 보호하는 것이나 성폭력 사건을 사적인 부끄러운 피해로 여겨 개인 의사를 존중했던 친고죄가 유지되었던 그 맥락처럼 결국 피해자 동의가 없다면 사건을 의제화하기 어렵다.

이러한 맥락에서 미투의 '드러냄'은 성 관련 범죄를 공개한다는 점에서 큰 의미가 있다. 그러나 위험을 무릅쓰고 행위자를 공개했음에도 행위자가 법적 제재_{처벌}를 받기 힘들다는 것을 알았을 때 분노는 증폭된다. '너 죽고 나 죽자' 식의 결단은 공소시효가 지났거나 증거 불충분 등의 조건 속에서 피해자의 직접 응징으로 나타난다. 이는 더 잃을 것이 없다고 결단한 사람들, 해당 조직/집단을 떠날 각오가 된 사람들의 무서운 힘이다.

피해와 행위자를 대중에게 알리고 싶어 하는 피해자의 분노와 무엇을, 왜, 이렇게까지 알리고 싶어 하는지 그 마음을 감히 이해한다. 가해자의 행위에 대해 분노하며 억울하기 때문에 〈쓰리 빌보드〉에 나온 엄마의 증오를 공감할 수 있다. 이처럼 실명 공개는 그 외에는 방법이 없는, 피해자와의 공감이나 그 상황을 상상할 수 있는 동일시의 효과가 있다. 그래서 이러한 피해를 만든 사회를 응징하고 공감한 사람들의 치유 효과도 가진다.

그러나 피해자와의 동일시 문제는 애도와 공감을 통해 각자 개인의 상황을 분석할 수 있게 하나 구조적인 사회 변화의 정치학을 놓칠 수 있다.[57] 해당 문제는 그 피해자의 문제일 뿐이며

---

57 권김현영(2018)은 강남역 살해 사건의 추모 포스트잇을 분석하면서 '나는 너'라는 동일시가 죽음의 공동체를 통한 삶을 이야기할 수 있는 정치의 순간은 사라지고 타자를 존재하지 못

타인에게는 비슷한 상황, 동일시할 수 있는 경우에만 효과를 발하기 때문이다.

또한 성 구매자 후기 사이트 분석 연구를 진행한 송봉규(2018)는 '성 구매자들은 벌금, 구금보다 성 구매 행위가 가족이나 회사 등 지인에게 알려지는 것이 더 무섭다'고 밝혔다.[58] 이처럼 본인이 한 행위에 대한 법적 조치보다 사회에 공개하고 알리는 것이 더 큰 처벌이 될 수 있다. 행위자에게 해당 행위는 감추어야 할 '비밀'이기 때문이다.

따라서 비밀의 누설 효과는 수치심을 줌으로 변화를 요청할 수 있으나 '개인적' 방어로만 끝날 수 있다. 들키지만 않으면 된다. 그래서인지 현행법의 틈새를 교란하며, 법망을 피해 가려는 위험한 행동이 갈수록 증가하고 있다. 이처럼 실명 공개를 통해 성적 언동 관련자에게 '수치심'을 주는 효과는 긍정적일 수 있지만 구조적·사회적 문제로 인식하여 변화하기에는 역부족이다.[59]

하게 만드는 동일성의 정치학으로 미끄러져 간다고 지적한다(정희진(2018), 『피해와 가해의 페미니즘』, 교양인)

[58]   송봉규(2019), "성매매 수요차단을 위한 한국의 성구매 분석", 『여성과 인권』 20호, 한국여성인권진흥원.

[59]   실명공개가 오히려 명예훼손 등으로 피해자가 역공을 받는 현실에서 그럼에도 피해자가 취할 수 있는 마지막 대안이라는 것이 참 안타깝다.

비밀 유지의
정치학

　'비밀秘密'의 사전적 의미는 '숨기어 남에게 드러내거나 알리지 말아야 할 일. 밝혀지지 않았거나 알려지지 않은 내용'이다. 비밀은 감추고 싶고 감추어야 그 의미가 있다. 자신만이 가진 정보가 다른 사람에게 알려지는 경우 개인적, 사회적, 국가적 불이익을 준다는 명분도 있다.

　이처럼 비밀이란 것은 시험 정보에서부터 국가 정보까지 비밀을 관리하는 주체의 이익과 관련이 있다. 반면 성적인 비밀은 수치심羞恥心으로 부끄럽고 창피하다고 생각된다.

　그러나 수치심을 주는 성적 비밀 누설이라 할지라도 성별, 결혼 관계, 불법 행위 등에 따라 그 규제 정도와 의미가 다르다. 기혼자의 애정사는 공개될 경우 법적인 불이익이 아니라 윤리적인 불이익이다. 남녀에게 다 영향이 있다.

　성매매 공개는 불법 행위라 남성 구매자에게는 부끄러운 일이지만 상대방 여성은 유흥업소 여성이라 '부끄럽지 않다'고 가정된다. 반면 성폭력·성희롱 가해/피해 사실은 과거에는 피해자, 여성에게 치명적인 비밀이었다. 안타깝게도 피해자가 부끄러워 숨겨야 했다. 그러나 2013년 친고죄가 폐지되고 성폭력 피해가 발화, 폭로되면서 성폭력 피해는 피해자가 부끄러워할 일이 아니게 되었다.

　성적 언동 관련 가해자나 그 가해자가 속한 조직은 성적 언동 관련으로 인한 이미지 실추로 인해 비밀스럽게 감추고 싶어 한다. 나쁜 일을 한 자가 나쁜 일이라, 부끄러워서, 이미지 실추 등의 이유로 감추고 싶어 한다. 그러나 가해자나 기관 이미지 보호를 위해 사건을 감출 때 피해자에 대한 태도는 어떠할지 상상해 보자.

사건을 발생시키고, 사건을 감추는 자는 가해자임에도 피해자 탓만 한다. 가해자가 징계를 받음에도 피해자가 직장을 그만두는 이유이다. 그래도 과거와는 달리 성 관련 가해 행위를 감추고 싶은 자는 가해자가 되었고 이러한 맥락에서 실명 공개 시 처벌 효과가 생겼다.

물론 세상이 달라지는 것처럼 보이지만 피해자는 여전히 공개적으로 말하기를 어려워한다. 피해자라 할지라도 미투를 하지 않을 수 있고 감추고 싶을 수 있다.

감추고 싶어 하는 이유는 과거와는 다르다. 그 일을 말함으로써 또 다른 피해가 만들어지거나 아직은 그 일을 말하거나 직면할 힘이 없기 때문이다. 피해 사실 자체가 부끄럽다기보다 이후에 발생하는 비난이나 혐오 등의 2차 피해가 두렵기 때문이다.

그렇다면 '피해자가 아닌 피해내용의 공개비밀 누설'는, 신고인에게 2차 피해[60]를 주지 않는다면 피해자에게 더욱 이익이 될

---

60   일반적으로 이해되는 1차 피해란 개인이나 집단이 어떤 문제적 행위(의사에 반한 성적 언동) 등에 의해 직접적으로 받는 경제적·신체적·정신적 피해라고 설명된다. 2차 피해란 의사에 반하는 성적 언동 행위 그 자체로 인한 피해 외에 그 이후 입게 되는 모든 피해라고 규정한다. 사건이 일어난 이후에 관계된 사법기관, 가족, 친구, 언론, 여론 등의 소문이나 피해자에 대한 부정

수 있다. 피해내용을 공개함으로 피해가 무엇인지도 고민하게 되고, 신고하기 전이라도 피해가 드러나면 〈쓰리 빌보드〉에서처럼 사건이 은폐되지 않고 수사에 착수할 수도 있다. 가해 행위자를 특정할 필요는 없다.

안○○ 전 지사가 대선후보 유명인이기에 공익적 알 권리가 있다하더라도 언론을 통해 이렇게 모든 것이 다 드러날 필요는 없었다. 혹 공익적인 가치로 사람을 공개해야 했다면 강간 의혹 정도로 재판 결과를 단신으로 보도하면 됐을 것이다. 만약 교육적으로 가해 내용을 공개하고 싶었으면 사람을 특정할 필요는 없었다.

성 관련 사건에서 비밀 유지는 중요하다. 적어도 사회는 사건 관련자들에 대해 대중이 상상하는 공간을 보호할 필요가 있다. 비록 가해자일지라도 개인 프라이버시의 영역은 보호받아야 한다.[61]

지켜야 할 비밀은 '해害'의 내용이 아니라 피해자와 가해자, 얼굴을 가진 사람들이다. 그러나 언론은 내용이나 구조가 아닌 사람을 보도한다. 대중이 흥미로워하는 것은 구조가 아니라 사람이기 때문이다.

적인 반응에 의해서 피해자가 정신적·사회적 피해를 받는 것, 즉 피해자를 비난하고 의심하는 사회·문화적 분위기에서 피해자가 겪는 모든 문제를 포괄한다. 3차 피해란 피해자가 1·2차 피해를 입고 적절하게 치유받지 못해 반사회적, 비사회적 행위를 하는 것으로 자해/자살까지 포함한다. 이미경(2014), "성폭력 법 정책을 통해 본 피해자의 권리"-성폭력수사·재판시민감시단의 모니터링 결과분석을 중심으로-, 〈입법과정책〉 제6권 제1호, 국회입법조사처, 84~85쪽 참조.

61 　마사 너스바움(2015), 『혐오와 수치심』, 민음사, 536~538쪽.

피해자를 보호하고 싶으면 사람을 특정해서 궁금해하지 말아야 한다. 또 비밀 유지 조항으로 어떤 것도 말하지 않게 하는 제재보다 2차 피해를 방지하면서 그 피해 구조를 알리는 방법을 찾아야 한다. 그래야 피해를 만드는 구조가 적확하게 드러날 수 있다. 여전히 피해사실을 드러내고 싶어하지 않는 미투하고자 하는 피해자를 보호하기 위한 다양한 전략을 고민해야 한다.[62] 또한 피해자는 물론 가해자 실명 공개에 대한 더 많은 숙의가 필요하다.[63]

'해害'의 구조를 알리는 것은
2차 피해도 아니며
비밀누설도 아니다

'해害'를 알리는 것, 구조를 알리는 것이 2차 피해가 되는가? 결론부터 말하면 '아니다'. 물론 사람을 특정한 언론보도 과정에서 '보도하지 않아도 되는 내용'을 보도함으로 2차 피해가 발생할 수 있다.

피해자, 피해자 가족 및 3자의 인격권을 침해하는, 피해자를 식별할 수 있는 인적 사항 공개는 금지해야 한다. 언론은 사

---

[62] 아동학대법 위반으로 JTBC 손석희 대표와 아동학대 가해자를 공개 보도한 기자를 고소한 사건이 있었다(미디어오늘, "JTBC에 재갈 물린 아동학대처벌법", 2020.1.10).

[63] '피해자의 말하기'와 달리 JTBC 미투 방식에 대해서는 저널리즘과 연관하여 섬세한 연구가 필요하다. 손석희 대표가 사회를 맡아 진행했던 가해자/피해자, 피해 사실 공개를 비롯하여 성폭력 피해 공개는 어떻게 이뤄져야 하는지 토론되어야 한다.

람을 특정하지 않고 알리고 싶지 않은 피해 사실에 대한 보도에 고민을 해야 한다. 이는 성 관련 피해자 뿐 아니라 모든 다른 사건의 피해자들에게도 해당된다.

그럼에도 '성희롱·성폭력 행위가 있었다'라고 발화하는 순간 발생되는 모든 비난, 지적, 판단 등이 '동의하지 않는 성적 언동 관련 사건'의 특성인데 굳이 2차 피해로 명명하는 이유가 무엇인가?

1차, 2차, 3차 피해 등의 명명은 성희롱·성폭력 사건의 심각성을 강조하기 위해 만든 확장의 개념인가? 아니면 일반적 범죄 사건과 다른 성 관련 사건의 특수성을 강조하기 위해 만든 개념인가?

조직 문화 개선이나 예방 등의 교육적 목적을 위해 어떤 사건에 대해 분석하는 것이 2차 피해인가? 호기심으로 성적인 정황을 알리는 것이 아닌 사건 조사 과정을 정확히 알려고 하는 것이 어째서 2차 피해인가? 물론 조사내용 공개를 금하는 이유가 피해자 보호일 수 있지만 피해자가 원하면다면, 이것은 다른 문제이다.

아니면 성희롱·성폭력 행위를 처벌하기 위한 방법으로 2차 피해를 강조하는 것인가? 즉 당사자들만의 (혹 목격자의) 진술로는 1차 피해 입증이 힘들어서 가시화된 2차 피해를 통해서라도 가해 행위자들을 제재_{처벌}하기 위해서인가? 명예훼손, 모욕죄, 국가공권력 남용 등 국가 손해배상 청구라는 방법 등을 통해 증거가 없는 1차 피해를 2차 피해로 제재하려는 것인가?

초기에 성관련 피해의 경우 2차 피해를 특히 강조한 목적은, 피해자가 발화하는 '문제적 행위'를 믿지 못하는 주변인의 피해자에 대한 고정관념이나 여성성, 성역할, 기대, 신념체계, 이데올로기 등으로 파생하는 젠더 문제 때문이었다. 성 관련 범죄는 타 범죄보다 피해자를 비난하거나 귀책하는 경향이 많아서 그것을 제지하기 위해 만든 것이다.

이처럼 성/폭력 피해자성은 사회의 여성성과 관련되어 있다. 성범죄 사건에 대한 피해자 비난_{유발론}은 여성이나 약자에 대한 관행적인 이중 성규범으로, 사건 담당자의 비전문성 및 부적절한 태도, 필요 없는 피해자의 사생활 노출, 관대한 처벌 관행 및 역고소 등으로 나타난다.

그러나 2차 피해 방지를 위해 이 사회의 이중 성규범, 성 고정관념을 비판하는 것이 아니라 사건이 드러나지 않도록 최선을 다한다면 이는 무엇을, 누구를 위한 일인지 묻는다. 물론 사건이 드러나지 않으면 어떤 고통이나 2차 피해도 없을 수 있지만 누구에게도 사건은 알려지지 않는다. 사건 발생의 근본 원인에 접근 할 수 없다.

성폭력·성희롱 처리 과정 자체로 인한 2차 피해 방지는 사건 비공개가 대안이 아니라 사건 처리 절차나 방법에 대한 성 인지적 훈련을 해야 한다. 피해자성, 여성성에 대한 고민을 통해 보도할 '해_害'에 대한 내용과 보도하지 말아야 할 '사람'에 대한 내용을 분리해야 한다.

만약 피해 처리를 하는 과정에서 비공개를 요구한다면 피

해 처리 과정을 궁금해하는 당사자와 조력자는 그 구조를 배울 수 없다.[64]

또한 폭력을 경험한 자가 그것을 피해로 발화하는 순간 피해자의 말을 지지하지 않는 그 어떤 것도 2차 피해로 규정할 수 있다. 뿐만 아니라 그렇게 되면 성폭력 사건의 성차별적 특성이 삭제된다. 결국 1차 피해는 블랙박스로 사라지고 2차 피해 해결 절차만 남는다. 2차 피해는 성 관련 폭력 사건의 특성인데도 말이다.

성 관련 사건의 '해害'는 사건 경험 이후 자책, 분노, 슬픔, 우울, 불신부터 자존감·자신감 격하 등의 정서적 고통, 그리고 해고, 이직 등의 경제적 고통, 왕따, 비난, 무시 등의 사회적 고통까지 다양하다. 가족·친지, 동료 등과의 관계 맺기의 어려움, 삶의 터전의 이동, 근로 능력 저하 및 생존권 박탈 등이 성 관련 폭

---

[64] 다음은 국가인권위원회 연구에서 규정한 2차 피해 유형 및 사례를 정리했다.

유형	사례
① 업무 또는 고용상 피해	• 조직 부적응을 이유로 피해자 징계(시말서, 경위서) • 피해자에게 과도한 업무 혹은 다른 업무 부여 • 피해자에게 해고, 권고사직, 휴가 지시
② 주변인에 의한 피해	• 주변인의 공감, 지지가 결여된 의심, 인내 종용 • 피해자를 왕따로 낙인, 모함
③ 가해자에 의한 피해	• 가해자에게 받는 고소, 협박, 모욕
④ 사업주의 사건 처리 과정에서의 피해	• 회사가 성희롱을 개인적인 문제로 치부 • 회사의 처리지 연 또는 미조치 • 불이익 암시로 회사가 성희롱을 축소, 은폐 • 회사가 가해자 편을 들거나 불공정한 조치 • 회사가 사건 처리 과정 및 결과 미통보 • 회사가 가해자와 합의 강요 • 가해자에게 사과 지시 후 사건 무마 • 가해자 경징계 후 사건 종료
⑤ 정신적인 피해	• 문제 제기 후 스트레스, 불면증, 대인기피증 등의 피해
⑥ 기타	• 피해자의 신상 공개 • 다른 유사사건 발생 시마다 피해자 거론

력의 결과일 수도 있지만 다른 사건의 고통일 수도 있다. 억울한 피해자라면 언제든지 만날 수 있는 고통일 수도 있다. 갑자기 살인범으로 오해받아도 경험할 수 있다. 따라서 성 관련 폭력으로 나타나는 특성을 1차, 2차 피해 구분 없이 1차 피해로 포함시켜 성차별적 특성을 강조할 것을 제안한다.

1차 피해보다 2차 피해를 강조함으로써 성 관련 사건의 특수성을 보이는 것은 좋지만 1차 피해가 무엇인지 직면하는 것이 성 관련 사건에 대한 '해害'의 내용을 구체화할 수 있다. 그리고 사건이 발생되는 정황과 '해害'의 내용이 무엇인지를 구체화하는 더 많은 토론을 통해 성적 언동이 어떻게 폭력으로, '해害'로 상대방에게 발화되는지를 밝혀야 한다.

또는 2차 피해를 방지하기 위해서 피해내용 공개 등의 비밀을 지키라고 한다면 성희롱·성폭력 사건은 사회적이고 정치적인 문제로 가시화될 수 없다. 여전히 개인적인 문제로 남을 뿐이다. 억울하다, 불쾌하다, 수치스럽다는 감정의 '구조와 맥락'을 분석해 1차 피해를 만드는 '가해 구조'를 밝혀야 '해害'의 구조가 드러난다. 이는 피해 내용, 조사 내용 등 진술과 진술의 해석 과정, 그 구조의 누설漏泄을 통해 가능하다. 물론 피해자가 누구인지는 밝힐 필요가 없다.

성희롱·성폭력 사건은 '비밀'이 아니다.[65] 그런데 아직도 누가 비밀이라 말하고 있는가? 비밀로 만들면 누가 가장 좋아할

---

[65]　물론 지켜야 할 비밀도 있다. 공무상 비밀의 누설이나 피의사실 공표도 피해자가 절대적으로 원하지 않을 때도 있으니 피해자의 개인정보 등 신분 노출에 대해서는 주의해야 한다.

까? 만약 비밀이 아닌 것을 비밀로 만들면 그것은 누구나 다 아는open 비밀일 뿐이다. 벌거벗은 임금님이 벗은 것을 백성 모두 아는 것처럼 말이다. 사실은 권력자/가해 행위자만 성희롱 발생 상황을 비밀이라 생각하고 있다.

토론 1 — 두 친구 사이에 일어난 성폭력 사건을 어떤 친구에게 우연히 들어 알게 되었다. 피해자도 가해자도 내 친구들인데 이들의 비밀을 알게 된 셈이다. 그들은 이 사건이 알려지길 원하지 않는다며, 비밀이라고 하는데, 나도 알게 된 이 사실이 어떻게 비밀일 수 있는지 궁금하다. 내가 알고 있는 사실이 누구에게 비밀인 것일까?

토론 2 — 2차 피해는 피해자를 고통스럽게 만들기 때문에 조심해야 한다. 그러나 2차 피해를 이유로 그 어떤 것도 하지 말아야 하는 것이 과연 타당한지 토론해 보자. 예를 들면 '가해자로 지목된 사람의 사망 이후, 가해자 가족에 대한 비난이 엄청났어요. 그것이 문제라고 말하고 싶었지만 괜히 피해자를 힘들게 하는 2차 피해로 오해받을까 봐 어떤 것도 하지 않았어요.'(성희롱 문제를 해결하기보다) 남은 학생들의 학점 등을 위해 가해자로 지목되어 정직 상태인 교수의 수업권 등을 주장한다면 2차 피해인가요?'

성희롱을 매뉴얼로
처리하기 어려운 이유

1장

듣고 싶은 대로 듣는다?:
'매뉴얼'대로 하는 것이 문제인 이유

사건처리 매뉴얼이 '기계적'으로 적용된다고 걱정이 많다. 원래 사용설명서 매뉴얼이 필요한 이유는 도움이 필요한 사람에게 신속하고 쉽게 도움을 주기 위해서이다. 그러나 도움을 주려고 만든 매뉴얼이 때로는 말하는 자보고자의 진술을 과장, 또는 삭제하고 있다. 불편한 성적 언동 관련 진술을 듣는다는 것은 '말하는 자'에 대한 이해와 책임이 수반될 때 가능하다. 또 기존 사회가 말하는 통념, 관습, 가치에 대해 비판적일 때 그 고통이 들린다. 개인적 고통 이상의 '사회적 고통'이기 때문이다. 결국 피/해는 '말하는 자'의 피해의 가능성으로부터 출발하여 수많은 해석의 경합 과정을 통해 규명된다. 물론 그/녀는 거짓말을 할 수 있으며 순수하지innocent 않을 수 있다.

매뉴얼(manual)이
필요한 이유

'우는 아이 젖 준다'고 한다. 아이가 울지 않으면 배가 고픈 지 모를 수 있다. 말을 못하는 아이이기 때문에 울지 않아도 적당한 시간 간격을 두고 젖을 준다. 아이 개월 수연령에 따른, 우유 제공 시간 간격을 제시하는 매뉴얼이 있다면 매뉴얼의 도움을 얻을 수 있다. 매뉴얼이란 아이가 말을 못한다는 것에 기반하여 젖먹이의 평균 소화 기능과 평소 상태를 고려하여 우유를 주라는 사용설명서 즉 지침이다. 이때 명심할 것은 매뉴얼 내용뿐만 아니라 그날그날의 아이의 상태이다.

아이의 상태는 어떻게 판단할 수 있을까? 아이는 배고파서 울 수도 있지만 아파서 울 수도 있다. 이러한 판단은 매뉴얼로 하는 것이 아니라 말이나 감정을 표현하지 못하는 아이를 진정으로 깊이 관찰하고 사랑할 때 가능하다. 매뉴얼을 지키지 않아도 아이의 욕구를 살핀다면 아이의 상태를 판단하는 것이 가능하다. 이처럼 아이를 키우는 것은 개인 양육자의 책임이기도 하지만 사회도 함께 양육해야 한다. 성희롱도 마찬가지이다.

성희롱, 강간 상담을 시작으로 지금까지 만나고 있는 경희라는 친구가 있다. 고등학교 3학년 때부터 일어난 가해자의 성적 요구에 거절하지 못한 경희는 그 가해자의 요청으로 가해자와 관련된 어떤 회사에 들어갔다. 입사 이후 지금까지 성관계 요청이 지속되고 응하고 있다. 이를 거절하지 못하고 계속 만나고 있는 경희는 이 관계를 끊기 위해 강간으로 고소하고 싶어 했다.

필자는 경희에게 성희롱이나 강간으로 고소하라고 고소 과정을 지원할 수 있을까? 매뉴얼대로 하면 위력에 의한 강간이나 성희롱이 될 수도, 아닐 수도 있다. 또 경희의 개인적인 고통은 문제를 발생시키는 성차별적 사회의 인권 감수성에 따라 증폭될 수도 치유될 수도 있다. 만약 상대방이 직장 거래처 지인으로 그 성적 요구까지 밝혀져 조직적, 집단적 문제임이 드러날 경우 개인적 고통 이상의 조직적, 사회적 고통까지 따를 것이다.

이 사실을 알게 된 책임자가 조직적, 사회적 고통을 삭제하고 관료주의적으로 대응하여 전문적인 언어로 처리하기 시작하면 그 고통이 들리지 않을 수 있다. 고통에 대한 표현이 꼭 성희롱, 강간 등의 언어로 표현되지 않을 수 있기 때문이다. 따라서 듣는 자는 사회적 책임까지 고려해야 개인적 고통과 사회적 고통[66]에 공감할 수 있어야 한다. 집단적이면서 상호 주관적인 경험의 연관성 아래 나타난 사회적인 문제는 사회적 고통social suffering으로 가시화시킬 수 있다.

필자는 경희에게 성희롱, 강간으로 고소하기보다 '관계 끊어내기'를 권유하며 대화하고 있다. 법적인 해결의 어려움 때문이기도 하지만 필자가 보는 경희는 강간 피해자라기보다 '관계

---

[66]　　사회적 고통은, 정치·경제·제도적 권력 등의 사회적인 힘이 인간에게 영향을 줄 수 있는 사회적 문제에 대응하여 파생되는 파괴적인 상처들을 말한다. 예를 들어 빈곤은, 질병과 죽음이 직접적인 원인이나 사회적 지표와 사회적 과정임을 표현하는 또 다른 방식의 '건강'으로도 표현된다. 트라우마도 건강과 관련된 상태이지만 정치적, 문화적 문제이기도 하다(아서 클라인만 비나 다스 외(2002), 『사회적 고통(social suffering)』, 그린비).

의존 사기' 피해자로 보이기 때문이다. 경희는 개인적 고통으로도 힘들지만 그 당시 그 요구가 무엇을 의미하는지 알 수 없었던, 정보 부재로 인한 사회적 고통으로 더 힘든 상황이다. 이러한 식의 고통을 법적 언어로 강간이라 명명하기는 생각보다 어렵다. 그래도 경희가 강간 피해자로 인정받도록 법적 지원을 해야 하는지, 아니면 다른 대안을 선택할 수 있도록 대화하는 것이 참 어렵다. 그녀가 잘 선택하기만을 바랄 뿐이다.

이처럼 매뉴얼을 적용한다는 것은 생각보다 어려운 일이다. 커피를 내리거나 밥을 하는 것과 달리 사람에게 적용하는 매뉴얼은 특히 어렵다. 더구나 '피해 언어를 제대로 갖지 못한' 고통을 호소하는 사람의 말을 듣는다는 것은 갈수록 힘들다. 과연 당사자로부터 우리는 무엇을 어떻게 듣고 있을까?

성폭력 피해자를 만날 때 적용하는 매뉴얼이 있다. 〈성폭력상담원교육〉에서 중요하게 다루는 교육 내용이다. 기관에 따라 상담원 교육 내용은 다르지만 공통으로 다루어야 할 것이 있다. 인권과 성 인지 감수성, 섹슈얼리티와 성차별, 성폭력의 원인과 배경, 운동과 정책의 역사, 관련법적 지원, 사례 연구, 상담 윤리 등이 100시간의 교육 내용이다. 그러나 교육 수료 후 소정의 실습을 한다 할지라도 상담을 한다는 것은 언제나 두렵다.

수많은 상담을 하면서 필자는 듣는 사람의 권력에 대해 많은 생각을 했다. 심하게 말하면 그/그녀들의 말을 그만두게 할 수도, 더 하게 할 수도 있다. 듣는 사람이 원하는 방향으로 끌어낼 수도 있다. 얼마나 오만한 생각인가? 그러나 이러한 오만함을 성찰하지 않는다면 매뉴얼은 무섭게 작동할 수 있다.

필자가 알고 있는 20년 경력의 상담원은 피해자를 만나면 '촉'이 온다고 자신한다. 그러나 느낌대로 판단하거나 평가하면 안 되니 자신이 매뉴얼을 잘 따르고 있는지를 점검한다고 한다. 그러면서도 초보 상담원이 매뉴얼을 사용할 때는 때때로 위험할 수 있다고 걱정한다.

상담원은 육하원칙에 의해 피해 상황을 듣고 피해자의 말에 공감한다. 상담원은 피해자의 상황을 판단하지 않는다. 피해자가 강간이라고 호소하면 강간 처리에 대해 신고 여부를 묻고 각각의 결정에 따라 준비할 것을 말해 준다. 혹 정황상 합의된 성관계로 보일지라도 그에 대한 질문을 해서는 안 된다. 상담원은 경찰이나 법원이 아니어서 피해자의 입장에서 요청을 최대한 들어주며 지원 가능한 범위를 전달한다. 강간 피해자의 경우 증거 수집 방법을 알려준다. '샤워를 하지 말고 속옷 등을 보관해라' '병원에 가서 진단서를 준비해라' 등이다.

직장 내 성희롱 사건의 경우 강간 등 신체적 성추행 상담보다 언어 성희롱 등 적대적 환경 성희롱에 대한 상담이 증가하고 있다.[67] 이는 신체적 증거 수집 등을 통한 법적 지원보다 피해자의 말을 어떻게 들을 것인가, 청자의 윤리를 중심으로 피해의 내용과 구조에 집중해야 한다는 것을 의미한다.

피해자는 성적 언동 그 자체보다 사건을 둘러싼 주변의 시

---

[67]   2018년 여성가족부 성희롱 실태조사, 55쪽 참고.

선들, 자신의 상황에 대한 혼란된 판단으로 힘들어한다. 이때 중요한 것은 피해자의 상황에 공감하는 것이다. '당신의 상황과 당신의 기분을 이해한다'는 개인적 공감을 넘어 '사회적 공감'까지 고려해야 한다. 그렇다면 사회적 고통에 공감한다는 것은 어떻게 하는 것일까?

아동성폭력(성비위)에 대한 짤막한 영화와 영화 같은 현실

상대방이 피해자의 말을 어떻게 듣는지에 따라 끔찍한 일들이 발생할 수 있다는 걱정이 결국 현실로 발생했다. 영화 〈더 헌트〉[68]와 '배이상헌 교사 사건'[69]에 대한 이야기다.

〈더 헌트〉는 클라라는 소녀 '성추행' 사건이 집단적 이성의 결과로 어떻게 전개되는지를 끔찍하게 보여 준다. 직장 내 성희

---

[68] 〈더 헌트(The Hunt)〉는 토마스 빈터베르크 감독의 덴마크 영화이다. 이 영화는 피해자의 말을 어떻게 들어야 할지를 끔찍하게 보여 준다. 물론 그렇다고 아동성폭력 피해자의 말이 영화에서 나온 것처럼 진실이 아니라는 것은 아니다. 피해자의 말을 듣는다는 것은 여전히 많은 과제를 남긴다.

[69] 배이상헌 교사는 양성평등 교과시간에 성평등 관련 영화를 보여줘서 광주시교육청으로부터 수업 배제 및 직위 해제 처분을 받았다. 이에 교육부에 직위 해제 처분 취소청구를 했으나 기각되었고 아동복지법 위반으로 검찰수사를 받고 있다. 결과가 나오지 않는 상태에서 인용하는 것은 그간 언론에서 많이 다루었기 때문이다. 이 사건의 본질은 피해자를 감추어 버린 교육청의 사건 처리 과정에 있다. 피해자가 누구인지를 공개하라는 것이 아니라 진정 과정과 고통 내용을 공개하라는 것이다. 교육청 입장에서는 조사 내용 공개 금지라는 법에 의해 어떤 것도 할 수 없는 상황이라고 전해 들었다.

롱 사건은 아니지만 아이의 말을 듣는 청자의 윤리를 고민하게 해 소개한다. 유치원생으로 보이는 클라라가 아빠의 친구이자 유치원 선생님인 루카스에게 보인 특별한 애정이 어떻게 성추행으로 변화하는지 볼 수 있다. 클라라의 '아이답지 않은' 애정 표현에 루카스는 부드럽게 거절한다. 상처 입은 소녀 클라라는 유치원 원장에게 루카스가 싫다고 투정을 부리는 와중에, 며칠 전 그녀의 오빠의 친구가 보여 준 성인 남성의 성기 사진을 떠올리며, 루카스의 성기를 보았다고 말한다.

이 즉흥적인 거짓말은 마을 전체를 혼란에 빠뜨렸다. 루카스가 클라라를 성추행했다고 판단한 원장은 매뉴얼에 따른 방식으로 일련의 조치를 취하기 시작한다아동 학대 징후 발견 시 조치 사항. 한국의 매뉴얼도 이와 비슷하다.[70] 아동심리 전문가나 전문 상담원을 불러 클라라를 인터뷰피해자 진술확보하고, 루카스에게 출근 정지 명령직무 배제을 내리고, 학부모 회의를 열어 추가 범죄 여부를 조사한다전수조사. 다른 아이들도 유사한 일을 겪었다고 부모에게 고백하기 시작했다전수조사 결과 보고. 신형철은 필 멀런의 〈프로이트와 거짓기억증후군〉을 인용하여 정신 치료나 상담을 받은 사람들이 실제로 일어나지 않았던 어린 시절의 성추행을 '기억'해 내는, 이러한 기이한 증상이 1990년대 초반부터 보고

---

70   아동복지법 등에 따르면 아동 학대를 알게 되었을 때는 아동보호 전문기관 또는 경찰 등에 신고해야 한다. 영화의 원장처럼 책임자는 즉각 조치해야 한다. 이러한 사항은 1961년 12월 아동복지법으로 제정되어 2019년 7월 16일부로 시행되고 있다.

되기 시작했다고 주장한다.[71]

영화에서 클라라는 성추행을 당하지 않았다. 그러나 영화와 달리 현실에서는 클라라의 즉흥적 거짓말이 아니라 정말로 성추행을 당했을 수도 있다며 이 영화가 현실을 왜곡한다고 비판할 수도 있다. 아동 성추행을 영화처럼 해석해서 부인할 수 있기에 영화는 이러한 사실을 염려하며 아동 성추행이 빈번한 현실에 관한 성찰을 지속적으로 권한다.

이 영화를 처음 보았을 때는, 루카스 선생님을 대변하는 '남성' 중심, 가해자 중심의 욕망과 환상을 말하는 영화라고 생각했다. 피해자의 진술을 믿지 못하는 행위자가 주장하는 과도한 공포를 그린 것이라 생각했다. 그러나 현실에서 피해를 호소하는 자들을 만나면 만날수록 생각이 달라졌다. 그/그녀들의 고통은 사실일 수 있으나 그 고통이 성희롱인지 아닌지는 또 다른 과제였다.

물론 고통을 말하는 자는 자신의 입장에서 '거짓말'을 할 수도 있다. 고통을 더욱 강조하기 위해 상황에 대한 해석을 과장할 수도 있고 기억을 왜곡할 수도 있다. 필자는 그것을 '거짓말'이라기보다 '자기 해석'이라고 생각한다. '사실이 아닌 것을 사실인 것처럼 꾸며 말한다'는 사전적 의미의 거짓말은 '나쁘다'라는 가치가 포함되어 있기 때문이다.

그렇다면 소위 전문가들이 해야 할 일은 고통을 호소하는

---

71   시네21(2013.3.13.), 신형철의 스토리텔링, "필사적으로 무죄추정의 원칙 고수하기".

자들의 진술을 들으면서 그 의도와 의미를 새롭게 해석하는 것이다. 클라라의 고통을 처음부터 성학대로 규정할 것이 아니라, 클라라의 고통을 들어 본 이후에 성학대라는 최종 결론을 내려야 한다. 클라라는 루카스에 대한 애정 때문에 원장의 질문에 거짓말을 했다. 원장은 루카스의 성학대라는 결론을 성급하게 내릴 것이 아니라 클라라의 고통의 맥락을 들어야 했다.

클라라는 괴로움과 고통의 진실을 몰랐다. 그 고통을 성학대라고 생각하는 원장의 질문에 답할 뿐이었다. 만약 원장이 다른 의도의 질문을 했더라면 클라라는 그 질문의 의도에 맞게 응답했을지도 모른다. 이때 매뉴얼이 중요 역할을 한다. 때문에 매뉴얼을 적용하는 상담자, 조사자의 인식과 관점이 매우 중요하다. 클라라의 고통의 진실은 무엇이었을까?

영화 같은 일이 현실에서 발생했다. 사건 내용은 다르지만 매뉴얼 적용이 비슷해서 소개한다. 아동복지법 위반 기소의견으로 검찰로 송치된 '배이상헌 교사 사건'이다.[72] '성평등교육과 배이상헌을 지키는 시민모임' 토론회에서 진영효는 광주광역시교육청이 통보한 교사 배이상헌의 도덕 수업 성비위 규정, 수업 배제, 수사 의뢰, 직위 해제의 과정을 진술했다. 검찰의 기소 여부 판단을 남겨두고 있는 '배이상헌 교사 사건'은 〈더 헌트〉 영화와 유사하게 전개되고 있다.

문제는 성비위라고 규정하고 판단한 교육청의 근거이다.

---

[72]   성평등교육과 배이상헌을 지키는 시민모임(2019.10.19.), 〈'성평등학교의 방향과 수업 활동 보호' 토론회 자료집〉(미간행)

영화 〈억압받는 다수〉[73] 시청 등의 수업 내용이 학생에게 성적 수치심을 주었다는 것이고 그로 인한 정서 학대가 비위 내용이다. 학교의 성고충상담, 국민신문고 등을 통해 학생의 고통이 드러났다는 것이다. 해당 학교의 성고충상담 창구를 통해 확인된 배이상헌 교사의 성비위 혐의가, 학생들과의 개인적 대화나 접촉 상황에서 드러난 문제가 아닌 전체 학생을 상대로 발언하고 국가 수준의 도덕과 교육 과정에 근거한 수업 활동이었다는 점에서 사안의 심각성이 크다 할 만하다.

유치원 원장이 클라라에게 다른 질문을 했더라면 다른 결과가 만들어질 수 있었을 것이라 가정했던 것처럼 〈억압받은 다수〉라는 영화를 보고 모 학생이 불쾌하게 느꼈다 할지라도 다른 질문을 했더라면 다른 결과를 만들었을 수도 있다. 클라라 성추행 사건이 교장의 환상과 추측의 결과라면 배이상헌 성비위 사건 역시 영화를 본 학생이 불쾌하다고 느낀 고통과 학부모의 걱정이 만들어 낸 결과일 수도 있다. 그러나 학생들의 진정 과정은 누구도 잘 알지 못한다. 성희롱 여부는 누가, 무엇을, 어떻게 진정했는지에 관한 과정과 맥락이 중요함에도, 누구도 어떤 것도 알지 못한다. 그래서 인용하는 필자 역시도 부담스럽다. 그럼에도 인용하는 것은 그 과정이 밝혀져야 하기 때문이다. 또한 배이상헌 교사가 항상 옳다라고 주장하는 것이 아니라 매뉴얼 적용

---

[73]　엘레오 노포리아트 감독이 만든 11분 분량의 프랑스 단편 영화 〈Oppressesd Majarity〉는 성차별 현실을 미러링하여 차별적 현실에 사실적으로 접근하고 있다. 상의를 노출한 여성, 남성이 여성에게 성추행당하는 장면 등 여성의 고통스러운 현실을 남성의 일상으로서 노골적으로 재현하고 있다.

의 한계를 지적하기 위해서이다. 그러나 한계적 정보 분석으로 신고인, 학생들을 포함한 조력자들에게 어려움을 줄지 몰라 수 없이 고민했다.

피해자 진술 듣기:
누가 '성비위'라고
판단한 것일까

중학생이 생각하는 수치심이란 과연 무엇일지 해당 학생과 만나 들어보고 싶다. 수치심이라는 표현을 쓰지 않았더라도 그 영화나 수업 내용이 불편했을 것이다. 충분히 인정할 수 있다. 필자도 어렸을 때 벌거벗은 남녀 사진을 보면 불편했다. 지금도 그러한 사진이 편한 것은 아니다. 불편할 때면 그 사진을 보고 있는 필자의 맥락과 그 사진의 맥락이 어떠한지를 고려하면서 그 순간의 불편함을 해석한다. 학생의 진술을 듣는 자가 어떠한 맥락에서 해석하는지에 따라 다양한 결과가 나올 수 있다.

아동성폭력 관련 사건 조사 매뉴얼의 경우, 아이들은 거짓 말을 하지 않기 때문에 아이들 포함 당사자가 말하는 내용에 근 거하여 조사하라 한다. 진술이 불확실하면 사실 관계를 조사하 고 해석하는 단계에서 많은 것이 판단되고 결정된다. 특히 교육 내용을 전달하는 강사와 수강생과의 관계, 피해당사자를 만나 는 상담자나 조사자에 따라 매뉴얼에 적시된 중요한 내용이 왜 곡되거나 기계적으로 차용될 수 있다.

예를 들어 '아이는 거짓말을 하지 않는다'는 아동성폭력 사건 처리지침이 어떻게 이해되고 있는지 살펴보자. 한 유명한 정신과 의사는 아동의 끔찍했던 기억을 무의식이 차단하는 과정을 방지하기 위해 적극적인 심리치료가 중요함을 강조한다.[74] 필자는 '어린아이는 거짓말을 하지 않는다', '심리치료가 필요하다'는 말이 참 혼란스러웠다.

아이는 아이의 맥락에서 말을 하는 것이나 그 맥락을 어떻게 해석하는지에 따라 거짓말이 될 수도 있다. 필자의 경우, 무의식이 과거의 폭력 경험을 차단하여서 느낌이 없었던 것이었는지 필자도 모르게 그런 적 없다는 '거짓말'을 해서 아주 곤혹스러웠던 적이 있었다.

영화의 클라라도, 수업 시간에 영화를 본 학생도 거짓말을 하지 않았을 것이다. 하지만 질문에 따라 거짓말을 했을 수도 있다. 분명한 것은 고통이 문제의 시작이라는 것이다. 단 이러한 고통을 아동 학대, 성희롱이라고 판단하기 위해서는 고통 진정의 맥락을 더 들여다봐야 한다. 아동 학대, 성희롱이라고 먼저 판단하고 매뉴얼에 의해 그 근거를 찾아보고자 신고인의 말을 들어서는 안 된다는 것이다.

---

[74] 그 결과로 비가시화되었던 아동성폭력 문제가 사회 문제로 강조되었으며 피해 아동들이 국가 지원을 받은 것은 긍정적이다. 전국 해바라기센터는 2004년 서울을 시작, 2018년 속초를 마지막으로 30개가 만들어졌다. 해바라기센터가 신뢰받는 이유는 국가지원을 받는 '공공성'과 정신과 의사의 '전문성', 그리고 이를 근거로 작성된 신속한 성폭력 치유와 처리를 지원하는 (아동)성폭력 처리 '매뉴얼'이다. 성폭력 처리, 치유 전문성에 대해서는 앞으로 다양한 논쟁이 필요하다.

얼마 전 컨설팅한 성희롱 인지 사건을 예로 들어 보자. 조직 내 '성적 소문 유포 확산 사건'이다. 해당 조직은 성적 소문 유포 확산 사건을 조사한 것이 아니라 소문의 피해 당사자에게 해당 소문 유포 여부를 확인하고, 위험을 고지한 여성 임원을 성희롱 행위자로 특정하여 조직 내 관련자들에게 진술을 받았다. 성희롱 고충 처리 과정을 교육받았다는 총무과장은 불편함을 호소하는 여성에게 성희롱의 고통을 진술하라고 했다 한다. 이 사건을 컨설팅하면서 필자는 소문 유포를 당한 소문 당사자 여성에게 총무과장이 무엇을 진술하라고 했는지를 물었다.

총무과장은 소문 유포 위험을 고지한 여성 임원을 이미 행위자로 특정하고 해당 언동을 성희롱으로 명명 후 관련 고통을 진술하라고 했다고 한다. 피해 여성은 자신의 경험을 성희롱이라 인지하지 않았으나 총무과장이 성희롱이라 하여 성희롱인 줄 알았다고 진술했다(물론 소문 유포 과정은 성희롱이다). 만약 피해 보고자의 말을 듣고 공감만 했다면 이러한 사실을 발견할 수 없었을 것이다. 누군가의 고통을 성희롱이라고 특정한 뒤, 그 고통을 묻기 시작하면 그 고통은 성희롱으로 구성된다.

피해자 고통에 집중한 관련 기관 대표는 ① 여성 임원과 부하 직원의 위계 관계 ② 수치심에 대한 피해자 진술, 성적 소문 고지 ③ 성적 언동이라는 구성 요건으로 성희롱이라 전제하고 관련 직원의 진술서를 받아냈다. 총무과장은 '과거에 사건을 처리하며 피해자 자살도 목격하는 등 2차 피해의 심각성을 잘 안다며 성희롱 피해자를 보호하는 것이 가장 중요하다'고 했다. 신속하게 처리하는 것만이 능사라며 성희롱 고충처리 매뉴얼에 의해 처리했다고 항변했다. 거짓 같지는 않았다. 그렇게 믿고 싶을 정도로 진지했다.

〈더 헌트〉에서도 '아동심리 전문가로 짐작되는 남자는 유도 질문loaded question을 던지고' 클라라의 '예스'를 받아낸다. 신형철은 같은 글에서 '아동성범죄라는 끔찍한 범죄로부터 돌이킬 수 없는 상처를 받은 아이들에게 또다시 상처 주는 일을 막기 위해 그 분야의 전문가들이 최상의 선의와 최선의 지혜를 발휘해 만들어 놓은 매뉴얼을 따른 것일 뿐'이라고 분석했다. 총무과장은 어쩌면 이리도 똑같은 대답을 했을까? 총무과장에게 〈더 헌트〉를 본 적이 있는지 묻지 않았음을 후회했다.

매뉴얼 뒤의 맥락을
읽어 내는 방법

피해자의 이야기를 듣는 자는 공감하면서도 맥락적으로 들어야 한다. 피해자를 분석하거나 평가하라는 것이 아니다. 그 상황의 맥락을 들으라는 것은 피해자와 관계자의 관계, 행위 양태, 그 상황 등을 피해자의 관점에서 '해害'를, 혹은 '해害'의 가능성을 찾아보라는 것이다. 피해자의 말이 곧 진실이라는 것이 아니기에 성차별적 감수성을 갖고 '해害'를 상상해 봐도 좋다. 어떤 상황이 불편했다면 어느 정도로, 왜 불편한지, 그 내용이 무엇인지, 왜 진정하게 되었는지 그 고통의 내용과 구조를 찾으라는 것이다.

이때 참고인 등 3자도 중요한 진술인이다. 성 관련 사건이 당사자들만이 존재하는, 목격하기 어려운 특수한 문제이기도 하지만 사건 전후로 그 사건에 대한 의견을 낼 수 있는 참고인들의 의견은 매우 중요하다. 사건 당사자들 간의 이해관계, 평소 가지고 있는 통념뿐만 아니라 그렇게 생각하는 맥락을 드러내야 한다.

그러나 이상하게도 성 관련 사건들은 '답'이 있다. 소위 피해/피해자에 관한 통념이 상식처럼 돌아다닌다. 피해자에 대한 불신과 비난에 대항해, 다른 한편에서는 피해자의 진술을 믿으라고 한다. 또 '이럴 것'이라는 믿음 아래 상황을 자세하게 확인하지 않는다. 2차 피해를 줄 수 있다고 묻지 않는다. 피해자는 그냥 피해 사실만 확인해 주면 된다고 생각한다. 피해자를 블랙박스에 보관해 놓은 결과, 피해는 드러나지 않는다.

중학생에게 성적 수치심을 줄 수 있다고 예상하는 것은 상의를 벗은 여성, 성추행 장면과 욕설들이다. 그렇다면 왜 상의를 벗은 여성이 수치심을 주는가? 경찰 수사를 의뢰한 주체들은 그 장면들이 왜 수치심을 준다고 해석했을까? 그리고 불쾌감을 느낀 학생과 만났을 때 수치심을 주었다고 판단하는 자들은 학생의 어떠한 어려움을 듣고 어떤 질문을 했을까? 혹 학생의 불쾌감, 어려움을 들은 어른들이 그 장면을 성적 수치심이라고 명명한 것은 아닐까? 물론 이 단어를 쓰지 않아도 좋다. 아니면 영화의 몇 컷만 보고 해당 영화가 문제적이라고 판단한 것은 아닐까?

신형철은 〈더 헌트〉에서 선한 인간들의 '집합적' 이성이 상황을 최악으로 몰고 가는 '합리적 부조리'의 상황을 보여줌으로써 바닥없는 벼랑을 바라보는 막막함 같은 것을 느끼게 한다고 썼다. 만약 이 말대로 집합적 이성의 합리적 부조리가 있다면 피해자가 어려움을 해결하고 주변에서 조력하고 지원하는 일은 쉽지 않은 일이다. 그렇기 때문에 '선한 인간들'의 피해자 중심적 지원에 대해 더욱 상세하게 살펴야 한다.

그 선한 인간들로 인해 또 다른 피해자가 생길 수 있다는 것도 알아야 한다. 이것이 맥락을 고려하지 않고 피해자를 매뉴얼대로 만난 결과이다. 더 정확하게 말하면 조사자가 듣고 싶은 대로 들은 결과이다. 이러한 피해자 지원은 그 순간 피해자에게 공감한 것처럼 느낄 수 있으나 궁극적으로 부메랑처럼 피해자 그리고 피해자를 지원한 자를 다시 공격할 수 있다. 개인적 공감을 넘어 성희롱·성폭력을 발생시키는 사회적이고 역사적인 성차별 고통에 공감하지 않았기 때문이다. 물론 영화와 달리 현실에서는 클라라와는 다른 '성폭력 아동 피해자'가 있을 수 있다는 것을 잊어서는 안 된다.

다음은 '보고자' 진술을 어떻게 듣고 물을지에 대한 예시이다.

보고자 진술(사례)	매뉴얼대로 묻기	촘촘하게 듣고 묻기	피/해
그 사람이 동성애자라는 것을 알고 그 사람이 말하는 것이 성적으로 느껴져 성희롱이라 생각했어요.	동성애자라는 것을 알고 놀랐겠어요. 그러면 충분히 성적이라 느낄 수 있지요.	왜 그렇게 느꼈어요? 동성애자면 말하는 모든 것이 다 성적인가요? 혹 그 사람이 이성애자라도 그랬을까요?	동성 간 성문제를 성적 지향과 관련하여 성희롱으로 판단한다면 동성애 차별·혐오의 사회적 문제이다.
나에 대한 성적 소문이 돌아다닌다는 말을 듣고 불편했어요. 이상한 소문을 말해 준 임원이 이 사실을 알고 있다는 것이 불편하고 힘들었어요.	정말 불쾌했겠어요. 그 임원이 성희롱을 했군요. 절차대로 하겠습니다.	기분이 불편한 이유가 성적 소문인가요? 아니면 그 사실을 말해 준 임원 때문인가요?	성적 소문 유포 확산은 성희롱이다. 그러나 임원은 업무상 성적 소문을 전달하고 확인시켜 준 것이다. 세련되지 못한 대처일 수 있으나 그렇다고 성희롱은 아니다.
상의를 벗은 여성, 성추행 장면, 욕설이 저질이고 불쾌해요. 왜 도덕 시간에 이렇게 이상한 것을 봐야 하는지 이해할 수 없어요.	정말 힘들었겠어요. 이상한 영상물이네요. 혹시 누구에게 의논하고 말했나요? 부모님은 알고 계시나요?	그런데 왜 여성이 상의를 벗는 모습이 불편했어요? 남성은 항상 벗고 있는데요. 남성이 여성을 추행하는 것과 여성이 남성을 추행하는 것이 다르게 느껴지나요? 어떻게 왜 다른가요?	이상하고 불편한 영상일 수 있으나 성차별 사회를 비판하기 위한 영상물이다. 힘들었다면 사회의 잘못이다. 같이 이야기해 보고 앞으로 이러한 고통이 왜 생기는지 토론하자.

토론 1 — 피해자의 진술을 어떻게 믿고 지원을 결정할 것인가? 피해자는 무엇을 피해라고 말하고 있는가? 일반적으로 알고 있는 피해자와 다른데도 피해자로 믿는다면 어떤 이유인가? 역으로 피해자로 믿었는데 아닌 경우도 있었는가? 언론에 등장한 사례들 또는 드라마나 소설에 등장한 사례들을 보고 피해의 가능성을 토론해 보자.

토론 2 — 피해자와 피해, 고통의 관계를 토론해 보자. 피해와 피해자를 분리하면서 생각하는 방법의 장단점도 토론해 보자. 예를 들어 이 사회에서 살아가면서 경험하는 '해'를 토로하나 당사자는 피해자가 아니라고 하거나 역으로 피해자라고 주장하나 피해가 무엇인지 잘 말하지 못하는 보고자와 어떻게 마주할지 토론해보다. 또 피해는 드러내나 피해자를 드러내지 않는 방법도 찾아보자.

2장

소송과 용서 사이에서?:
진정한 '사과'가 어려운 이유

성희롱 피해자는 사건이 발생하면 빨리 마무리하고 일상으로 돌아가고 싶다. 없었던 일처럼 잊어버리고 싶다. 행위자, 행위가 일어난 장소는 보거나 만나고 싶지도 않다. 그래서 소송을 하고 싶기도, 안 하고 싶기도 하다. 이처럼 사건을 기억에서 지워 버리고 싶은 사람들은 용서나 화해를 생각하고 싶지 않다. 혹 진정성 있는 사과를 받는다 할지라도 그 상황을 용서하는 과정은 그리 쉽지 않다. 그러니 그 과정을 수용하지 않는다 할지라도 어떤 누구도 피해자에게 용서나 화해를 권할 수 없다. 따라서 행위자의 결정보다 더 중요한 것은 피해자 당사자가 이 사건을 어떻게 수용하고 정리할지, 피해자 스스로의 결단이다. 특히 용서란 진정한 사과 이후, 피해자만이 결정할 수 있다. 그럼에도 이 장은 행위자 사과의 필요성과 그 어려움에 대해 숙고한다. 피해자가 사과를 받지 않는 결정을 할지라도 행위자는 지속적으로 용서를 구해야 하기 때문이다.

진실을 밝히고 싶은
절박한 심정

성희롱이 발생했다. 그러나 상대방이나 주위에서는 아니라고 한다. 피해자는 법만이 능사가 아님을 알고 있음에도 많은 경우 억울함과 분노를 치유하고 진실을 밝히기 위해 법정으로 간다. 긴 소송이 될지라도, 패소할지라도, 시간·돈·에너지가 들지라도 결국 소송을 선택한다. 이것이 현실이다. 필자 역시 해임 무효소송을 해야 할지, 말아야 할지에 대해 매일 밤 고민했다. 소송에 따른 장단점 분석을 수없이 했다.

소송을 하고 싶은 이유는 해당 사건을 '나당사자'로부터 떠나보내고 싶은 마음이다. 답답한 상황을 공신력 있는 누군가가 합리적으로 판단해 주길, 그리고 거기에 당사자의 분노를 투사하고 싶은 마음이다. 주변에서 말하는 것처럼 승소해서 명예를 되찾고 싶은 마음도 있지만, 솔직히 명예는 그리 중요한 것이 아니다. 현실성이 없기 때문이다. 소송비용으로 천만 원을 지불하면서 승소한 지인은 아무도 관심 없는 명예 회복은 명분일 뿐, 자신을 공식적으로 정리하고 싶은 마음에서 소송을 시작했다고 했다.

필자도 만약 소송을 하게 된다면 비슷한 심정일 것이다. '임금님 귀는 당나귀 귀'라는 말처럼 진실을 말하고 싶고, 스스로의 인정이 아닌 공식적인 인정을 받고 싶다. 그리고 사건과 거리두기를 통해 사건을 내려놓고 싶다. 그렇다면 소송을 해야 하는가? 마음공부를 통해 스스로 내려놓을 수 없는 것인가?

피해를 호소하는 많은 피해자/보고자를 만났다. 모두 안타깝고 억울한 사람들이다. 피해자의 입장에서 피해자들의 이야기만 들었다. 많은 시간 동안 이미 발생한 일들을 받아들이거나 소송하는 법에 대해 상담했다. 자신의 상황을 직면하게 하는 것보다 소송 등의 사건처리 방법을 알려 주는 것이 더 쉬웠다.

피해를 호소하는 자는 수많은 정체성 중 부하/상사, 동료/고객, 여자/남자, 엄마/아빠, 부인/남편, 딸/아들 등보다 피해자라는 정체성에 더 집중했다. '피해자'란 정체성은 수많은 정체성 중의 하나이며 피해는 그/그녀의 일부분을 설명하는 하나의 사건일 뿐이라는 것을 인정하지만 대부분 내려놓지 못했다. 너무 억울해서 피해자로서 인정받고 싶기 때문이다.

필자도 피해자가 되어 보니 상투적이어도 필자의 상황을 들어주는 '공감'이 생각보다 좋았다. 소송이든 뭐든 어떤 것도 하지 말기를 권하기보다 다 해보라는 말이 더 좋았다. 후회해도 돌아갈 수 없는, 그 날의 결정에 대해 밤마다 수없이 생각했다. 어떤 피해자가 말한 것처럼 피해가 일어난 장소 부근에 절대로 가지 않기도 했다. 필자가 피해자에게 말했던 조언처럼 스스로에게 매일 조언했다.

또 매일 뚱딴지 같은 상상을 한다. 성희롱 법제도화에 기여한 1994년 서울대 사건 피해자의 근로 계약이 만약 연장되었다면 어떻게 되었을까? 서울대에 상황을 알리는 대자보가 붙지 않았을 것이며, 피해자는 상담소에 오지 않았을 것이며, 피해자는 소송하지 않았을지도 모른다. 그렇다면 또 다른 사건이 한국을 변화시켰을까?

'만약에 그랬다면 일어나지 않았을 것'이라는 상상을 하는 것은 바보 같은 일이지만 필자는 '만약에'라는 조건절을 수없이 상상하면서 말도 안 되는 기대를 해 본다. 진실을 밝히기 위해 가능한 모든 경우의 수를 생각해 본다. 상대방이 진상을 밝히고 사과할 수도 있지 않을까?

필자 사건의 경우, 성희롱 신고 사건이 진행되면서 아웃팅 등 또 다른 성희롱 피해가 확산되는 것을 막기 위해 실행된 조직 문화 개선 회의가 비밀 누설 행위가 되었다. 결국 여성가족부 주무국장_{당연직 이사}의 해임안건으로 임시 이사회가 소집되어 결국 주말 빼고 공지 하루만에 필자는 해임되었다.[75] 과연 소송으로 이러한 진실이 밝혀질까?

소송은 자신의 피해를 인정받을 수 있는 마지막 보루일 수 있다. 함무라비법처럼 '이에는 이, 귀에는 귀'로 대응할 수 없는 답답한 사람들이 소송을 결정한다. 2018년 소송이 소폭 감소하기는 했으나 한국은 인구대비 소송 대국[76]이라고 한다. 그만큼 분노가 많은 것일까? 아니면 자신의 억울함에 대해 공식적으로 인정받기를 원하는 것일까?

---

[75] 여성신문, 2019. 2. 20.

[76] 2019년 〈사법연감〉에 따르면 2018년 법원에 접수된 소송 건수는 모두 658만 5,580건으로 2017년과 비교하면 2.3% 감소한 수치이다. 소폭 줄었으나 인구대비 사건 수는 인구 1,000명 당 민사 19건, 형사 5건, 가사 1건으로 집계된다(중앙일보, 2019.9.18). 그러나 형사 고소/고발 건수는 연평균 50만 건대에 이른다. 일본의 50배 수준이다(더팩트, 2020.1.29).

때로는 소송보다
사과를 받고 싶다

　　영화 〈더 와이프The Wife〉[77]에서는 소송을 하지 않고 자기만의 방식으로 분노와 부정의를 치유하고 해결한다. 〈더 와이프〉의 여성은 '아내'로서의 삶에 대해 나름 만족스러워한다. 사랑을 지킨다는 의미에서 자신이 대필 작가라는 것을 밝힐 수 있는 소송의 기회도 있었지만 그 사실을 드러내지 않는 것으로 영화는 마무리한다. 물론 영화적 상상력이지만 소송의 의미를 고민하게 하는 영화였다.

　　유령 작가를 포함한 대리인의 삶을 다룬 영화 〈콜레트〉[78]는 〈더 와이프〉와 유사한 소재이기만 다른 결론을 내린다. 〈콜레트〉는 세상과 만나는 방법으로 소송을 예견한다. 어떤 방법이 더 현명할까? 피해자는 어떤 방법으로 더 치유받을 수 있을까?

　　두 영화 모두 성희롱·성폭력 등 성범죄 피해자 소송 여부에 관한 영화가 아니어서 성범죄 관련 소송 여부를 고민하기 위한 자료로서 적합한 선택은 아닐 수 있다. 그럼에도 다른 시대의 비

---

[77]　비욘 룬게 감독의 〈더 와이프〉는 사회적으로 등장할 수 없었던 여성의 삶을 남편의 대필 작가로서 표현하는 영화이다. 단 영화에서는 킹메이커 대필 작가로서의 여성의 삶에 대해서는 그리 비극적으로 묘사하지 않고 있다. 대필 사실은 남편 사망의 영향인지 결국 소송이 아닌 다른 선택으로 은폐된다.

[78]　워시 웨스트모어랜드 감독의 〈콜레트〉는 자신이 쓴 소설이 남편의 이름으로 출판되어 베스트셀러에 등극하면서 모든 분야의 엔플루언서가 되는 내용을 다룬다. 하지만 모든 성공과 명예는 남편에게로 돌아간다. 결국에는 남편 뒤에 숨어 있던 콜레트가 세상 밖으로 당당하게 걸어 나오게 된다.

슷한 상황에서 억울한 피해에 대해 소송 여부를 고민할 수 있게 한다는 점에서 의미 있는 영화였다.

근친 성폭력 피해자들 역시 항상 소송을 고민한다. 친부를 고소한 한 피해자는 주변의 만류에도 불구하고 자신의 마지막 선택이었다고 말했다. 아버지를 떠나보내는 의례로 선택했다는 피해자도 있었다. 무엇인가 찜찜한 끈적거림을 남기는 용서나 화해보다 소송은 '전부 아니면 전무all or none'이기 때문에 수용하기 쉽다는 피해자도 있었다. 필자에게도 고민인 부분이다.

과연 소송이 문제의 해결인가? 그렇지 않다면 지금과 같은 시대에서 소송 말고 억울함을 인정받을 수 있는 방법이 있는가? 억울함을 인정받고 다시 원직 복귀 후에도 잘 일할 수 있는가? 실질적으로 소송을 하든, 하지 않든 사건이 발생했던 해당 조직에서 같은 방식으로 일하는 것은 쉽지 않다. 성희롱 피해자가 소송 후 직장을 떠나는 이유이다.

성희롱 사건의 해결이란 무엇일까? 진실을 밝혀 원래대로 복귀하는 것이다. 그러나 사건 전으로 돌아갈 수는 없다. 그래서 소송을 하거나 행위자를 떠나보내면서 잊는 것을 선택한다. 물론 성범죄뿐 아니라 어떠한 범죄도 혹 범죄가 아니라고 각하되거나 기각되더라도 사건 관련자들의 마음은 영원히 편하지 않다. 피해자든 가해자든 사건 관련자의 고통은 끝나지 않는다.

고통을 어떻게 끝낼 것인지, 때로는 지난한 소송보다 행위자의 사과를 받고 싶다. 소송 기간을 견디는 것도 또 다른 고통이기 때문이다. 또 승소 이후 진정성 있는 사과를 받고 그 상황을 용서하는 과정은 절대 쉽지 않다.[79] 따라서 상대방의 사과 의지와 실행만큼이나 과연 이 사건을 어떻게 수용하고 정리할지 피해자의 결단이 중요하다. 사건을 내려놓고 '거리 두기'를 할 수 있는 절대적인 물리적 시간이 필요하다.[80]

　　사과 중재도 쉬운 일은 아니다. 행위자가 무엇을 잘못했는지 반성하도록 해야 하기 때문이다. 그러나 행위자가 사과를 한다 하더라도 피해자가 받지 않으면 도루묵이기 때문에 쓸데없는 작업일 수 있다. 필자가 만난 행위자들은 '사과는 하지 않는 것'이 능사라고 했다. 피해자들도 형식적인 사과는 필요 없다고 거부했다. 분노가 심해 보기도 싫다고 했다. 결국 평행선이다. 그런데 서로 보지 않으려 하고, 믿지 않고, 분노를 품은 소송이 그 분노를 잠재울 수 있을까? 그렇다면 피해자는 무엇을 해야 마음을 진정할 수 있을까?

---

[79]　　양형에서 유리하기 위해 반성문을 써내는 가해자들에 대해 법원이 혼을 낸 사건도 있다.

[80]　　'사과(apology)' 관련 사유는 필자의 경험을 근거로 많은 논문을 참조했다. 주로 홀로코스트, 위안부 등 국가 배상과 사과에 대한 글들이 많았으나 성희롱 상황으로 응용했다. 성희롱 사건은 개인적이기보다 사회적이고 정치적이기 때문이다. 앨런 영(2002), "고통과 외상성 기억의 근원", 『사회적 고통』, 그린비; 임지현(2019), 『기억 전쟁』, 휴머니스트; 주디스 허먼(2012), 『트라우마』, 열린책들. 이외 구체적으로 사과하는 법 등의 관련 지침은 〈Psychology Today〉를 참고했다.

어려워도
사과를 해야 한다

성폭행 사건과 관련된 안○○ 전 지사의 발목을 잡은 것이 '사과' 때문이라는 놀라운 기사를 읽었다. "무죄→3년 6개월 안○○, 페북 사과문이 발목 잡았다?", "안○○ 발목 잡은 페북 사과문… 法 "번복한 진술, 믿기 어려워""등의 기사에서는 피해자의 미투 이후 안○○은 자신의 페북에 '저의 어리석은 행동에 대해 용서를 구한다. 합의에 의한 관계였다는 비서실의 입장은 잘못'이라고 게재한 공개 사과가 2심에서 진술의 신뢰성 없음으로 판단되었다. 의사에 반한 행위라는 것을 입증시켰다는 것이다.

문제는 해당 기사를 본 대중이 어떠한 생각을 할 것인지를 예상하지 못한, 아니 예상한 데스킹의 기사 제목 선정에 있다. 이를 증명하듯 해당 기사에 대한 댓글이나 대중의 반응은 예상한 그대로였다. '미안하다는 지속적인 호소나 사과는 결국 상대방의 의사에 반했다는 것을 입증하는 것이다.' '바보처럼 왜 미안하다고 사과하느냐, 합의에 의한 관계라면 사과하겠냐'에 대한 반응들이 그것이다.

행위자 입장에서 사과는 절대로 할 수 없다. '사건이 나면 무조건 부인하라', '사과는 절대 금물이다'라는 조언도 많다. 모 법무법인에서는 절대로 사과를 하지 말라고 공식적으로 말하기도 한다. 만약 성 관련 증거가 있다면 '그것은 합의에 의한 것'이라고 주장하라 한다. 오죽했으면 남성 커뮤니티에서 억울하게 가해자로 당하지 않는 방법으로 '모텔에 갈 때 반반씩 지불해라', '합의를 녹음해라', '모텔에서 성관계 확인서를 남겨라' 등이 추천된다. 모텔 비용을 반반씩 지불하는 것은 합리적이지만 그럼에도 실소가 터진다.

성희롱 가해자로 지적되면 누구 말대로 인생 끝이다. 피해자가 힘든 것은 당연하며 가해자도 사회 복귀가 힘들다. 물론 죄를 지으면 죽을 때까지 사죄하는 마음으로 살아야 한다. 하지만 살인으로 무기징역을 받은 가해자와 성희롱으로 해임, 파면당한 가해자가 동일하게 죽을 때까지 사죄해야 하는가? 벌을 받았는데도 말이다.

물론 이러한 질문을 하는 것이 성희롱을 가벼운 범죄로 보이게 할 수도 있다. 때로는 성희롱/강간이 살인/살인미수만큼 심각할 수 있다. 또 인격살인이라는 표현도 있다. 성희롱으로 인한 피해자들의 고통과 호소를 많이 들은 필자에게도 이는 매우 하기 어려운 질문이다. 피해자들이 겪는 고통의 내용이 다르기에 살인 피해자 가족과 성희롱 당사자 피해자의 피해는 비교할 수 없다. 그럼에도 필자는 질문하고자 한다.

누구는 무기형이고 누구는 집행유예인가? 누구는 피해보상을 모두 해 주고 누구는 20퍼센트만 해 주는가? 누구는 해임이고 누구는 정직인가? 필자는 징계 양형의 적정성을 논할 전문가는 아니다. 그러나 성희롱·성폭력 가해자가 남긴 작품그림, 글, 영화 등을 우리의 삶에서 지워야 한다는 주장, 교과서에 실린 시가 성희롱 가해자 시인의 것이라면 '교육적으로' 삭제해야 한다는 의견 등을 들을 때면 마음이 복잡해진다.

살인자일지라도 형을 다했다면 인권과 평등권에 기대 주홍글씨 낙인을 지워줘야 하지 않을까? 우리 모두 누군가의 주변인으로서 사회적으로 고민해야 한다. 성 관련 가해자의 행위가 분노스럽고 모멸스럽다고 하여 그 가해자의 생계를 박탈하는 것에 대해 우리는 어떻게 바라봐야 할 것인가?

가해자의 얼굴을 TV에서 보고 싶지 않은 마음을 이해한다. 가해자의 시를 읽고 공부해야 한다면 한동안 메스꺼울 것이다. 필자 역시 그러했다. 가해자와 관련되었을 것 같은 장소에도 가지 않았다. 직면하기도, 생각하기도 싫었다.[81] 직면하지 않고 피한다고 해서 문제가 해결되는 것은 아니지만, 사건과 관련된 것들을 심리적, 사회적, 법적으로 삭제할 기간을 갖는 것이 필요하다. 그 기간을 결정하는 것이 앞으로의 할 일이다. 피해자의 의견도 중요하지만 그 의견대로만 할 수 없기 때문이다.

과거 어떤 피해자는 가해자만 보면 가슴이 두근거리며 불안해진다며 수업 시간 및 학교에서의 우연한 만남 배제 등을 위한 공간 반경을 지정했고 지하철 노선 배제도 지정했다. 성희롱고충심의위원회에서 피해자의 요청이 과하다고 조정했지만 피

---

[81] 필자는 초기에 이러한 생각을 하지 않았다. 필자는 기관장이었을 때 기획했던 행사가 열려 이에 기쁜 마음으로 참석했다. 해임 이후 한 달도 되지 않은 때였다. 필자는 필자의 해임과 해당 행사는 무관하다고 생각했고 직원들, 지인들과 기쁘게 만났다. 그런데 누군가가 행사장에 필자가 참석했다고 문제 제기를 했다는 말을 전해 들었다. 필자는 한동안 할 말을 잃었다. 누가 개인의 횡단의 자유를 막을 수 있는가? 개인의 자유를 막은 '우스꽝스러운' 블랙코미디 같은 이 사건 이후, 필자는 이전에 속했던 기관의 행사장에는 가지 않았다.

해자를 설득하기 위해 많은 정성을 들였던 기억이 있다. 피해자의 진술을 신뢰한다는 것과 그 요구를 다 들어주는 것에는 이렇게 큰 차이가 있다.

그래서 사건 이후 가해자/피해자가 같이 살아가는 조직 안에서 구성원들을 위한 치유가 필요하다. 특히 가해자/행위자의 사과를 통한 치유 과정이 꼭 필요하다. 물론 사과란 징계 등의 사법 행정 처리와는 다른 과정이다. 피해자의 고통에서 멀리 있는, 그 고통을 이해할 수 없는 행위자는 무엇을 어떻게 사과해야 하는지 모르겠다고 한다. 그들은 정말 무엇을 잘못했는지 모른다. 유감스럽지만 이는 어느 정도 사실이다.

한 행위자도 역시 억울해했다. 들어보면 그 상황을 이해할 만도 했다. 누가 봐도 가시적인 언동_{만취 상태에서 자신은 기억하지 못하지만 타인이 일러준 사건}이 있었지만 기억하지 못하는 그로서는 억울할 수밖에 없는 일이다. 해당 상황을 영상으로 남긴 친구의 설득으로 억울함이 어느 정도 누그러들었고 사과하고 싶어 했다. 만약 그 동영상이 없었다면 어땠을지 생각만 해도 끔찍하다.

신고인의 말 외에는 증거가 없는 성적 언동을 인정하는 것은 어려울 수 있다. 신고인이 해당 언동을 왜 성희롱이라고 주장하는지 그 이유에 대해 행위자가 지속적으로 물어도 누구도 답해 주지 않는다. 게다가 법/제도적 성희롱 처리지침은, 행위자가 피해자를 회유하고 더 괴롭힐 수 있다는 전제를 두고 행위자와 피해자를 만나지 못하게 하니 가해자는 그날 상황에 대해 물을 수도, 확인할 수도 없어서 답답할 뿐이다. 사과를 하고 싶어 한다 하더라도 만날 수 없다 한다.

뿐만 아니라 '진정한' 사과를 위한 교육이나 지침이 별로 없다. 단지 상황을 모면하기 위해 또는 처벌을 완화하기 위해 하는 '형식적' 사과에 대한 언급이 있을 뿐이다. 그러나 문제를 인식하는 그 순간, 사과하지 않으면 사과할 기회는 거의 영원히 없다. 그래서 어려워도 그 순간 사과를 해야 하고 사과를 받아야 한다.[82] 이러한 사과를 사회가 적극 권장해야 한다.

진정성 있게
사과하는 법

지속적·상습적 성희롱 피해의 경우 법적 판단을 받아야겠지만 피해자가 원하는 경우, 사과·화해·중재를 조력할 수 있다. 물론 피해자에 따라 이를 회유·종용으로 받아들여 거부하기도 한다. 물론 피해자는 거부할 수 있는 선택권이 있다. 필자는 중재를 요구받았더라도 피해자가 거부하면 더는 권유하지 않는다.

그럼에도 필자는 피해자의 분노만큼 가해자를 처벌할 수 없다면 소송보다 조심스럽게 '사과받기'를 권유한다. 물론 행위자는 그 사과가 소송 시 불리하게 작용할까 꺼려한다. 이는 사과하는 방법과 그 의미를 알지 못해 그렇다. 또 사건이 왜 문제인

---

82   성희롱이라고 인지하거나 항의받는 그 순간 진정한 사과는 꼭 필요하다. 그러나 이후 행위자의 사건처리를 위해 맹목적, 무계획적으로 피해자를 찾아가 사과하는 것은 피해자의 분노만 키울 뿐이라는 것을 알아야 한다.

지를 잘 알지 못하니 사과는 더욱 어렵다.

사과는 상대방피해자의 요구needs와 감정feelings에 집중되어야 한다.[83] '미안해'라고 말할 수 있는 명확한 진술과 근거, 그 일에 대한 안타까움의 표현, 사회적 규범social norms 혹은 기대expectations가 위반된 것에 대한 인정, 성희롱으로 인하여 피해자에게 끼친 영향력, '해害'를 알고 있다는 공감, 그리고 용서를 구하는 것이 진정한 사과이다.

> 어떠한 범죄 행위가 발생되었을 때 나는 가해자가 그와 같은 행위의 결과로 인해 피해자가 매우 화가 났다는 것을 이해하고 있는지 알고 싶다. 또한 만약 사과가 이루어진다면 나는 또 그것이 진심인지, 즉, 해당 가해자가 피해자의 감정을 상하게 한 것에 대해 진정으로 미안해하고 있는지 알고 싶다. 그리고 그와 같은 행위가 다시는 일어나지 않을 것이라는 확신Assurance도 필요하다.[84]

성희롱 사건에서 사과·중재 등의 회복적 정의[85] 대해 '사회적'으로 고민해 보았으면 한다. 현실적으로 사건 발생 후 사과를 중재해 주는 공식 기관이나 제도가 현실적으로 없는 상황이다.[86] 상호 무엇 때문에 분노하고 억울해하는지를 분석하고 공

83   Guy Winch(2013), The Five Ingredients of an Effective Apology. Psychological Today.

84   F. Diane Barth(2014), Why Sorry Seems to Be the Hardest Word. Psychological Today.

85   회복적 정의란 가해자를 처벌하는 응보적 정의실현 방식이 아닌, 피해자가 누구인지, 피해가 무엇인지, 그리고 변화를 위해 무엇을 해야 할지를 고민하게 한다. 성희롱 피해를 사회적 고통으로 인식하고 사회가 책임질 때 회복은 가능하다.

86   여성가족부는 2018년 서지형 검사의 미투 이후 성희롱특별신고센터를 만들어 성희롱 사건을 컨설팅하고 있다. 하지만 국민의 세금으로 만든 2018년 컨설팅 사업보고서를 공개하지 않

감하고 사과를 중재해 주는 시민 공간도 없다. 만약 상황을 분석하고 억울함의 원천을 풀어 주는 공간이 있다면 성희롱 문제는 다른 방법으로 처리될 수 있고, 조직 문화 또한 개선되어 성희롱 사건이 감소할 수 있다.

물론 최종 선택은 당연히 피해자의 몫이다. 이를 위해 몇 가지 질문을 해 볼 수 있다. ① 가해 행위자를 영원히 보지 않고 살 것인가? ② 가해 행위자가 사라져야 할 정도로 죄가 많다면 어떻게 하고 싶은가? ③ 그 죄는 무엇인가? ④ 피해자인 내가 받은 '해害'는 무엇인가? ⑤ 앞으로 이러한 일이 발생한다면 어떻게 해야 하는가?

성희롱은 분명 개인적인 고통이 큰 사건이지만 행위자 처벌 징계로만 끝낼 일은 아니다. 강력한 징계 처리 결과를 공표하는 것이 구성원들로 조심하도록 만드는 무기가 될 수도 있지만 역으로 성희롱 사건이 더욱 은폐될 수도 있다. 피해자들과 깊이 이야기해 보면 행위자를 세상에서 완전히 내쫓는 것을 원하는 것도 아니었다.

"제가 원하는 것은 진정한 사과와 함께 그 행위가 중지되는 것입니다. 그 행위에 대한 징계는 해야겠지만 법적으로 하고 싶지는 않아요. 내 직장 생활에 방해가 되는 징계라면 원하지 않

고 있다. 또 산하기관의 동성 성희롱 신고 사건은 컨설팅 한번 하지 않고 자체 감사 후 고용청의 당사자 조사가 이뤄지기도 전에 기관장 해임이라는 무리수를 썼다. 사업주 해임은 성희롱 방지를 위한 강력한 조치인데 적극 홍보해야 하지 않을까? 성희롱 사건을 잘못(?) 처리하면 사업주가 해임된다는 것을 강력하게 알린다면 대단한 방지 효과가 있을 것이다.

아요. 결국 다 잘해 보자고 하는 것인데 나를 나쁜 사람으로 만들지 말아요. 부장 해임시킨 사람으로 어떻게 직장에 다니겠어요? 물론 강력한 징계를 해서 본때를 보이고도 싶지만 (중략) 그렇다고 그 언동이 사라지는 것은 아니라고 생각해요. 저는 직장의 조직 문화가 변화하는 것을 보고 싶어요. 이것을 약속받고 진정한 것인데…"

(28세 사무직)

가해 목록을 확대하고 행위자를 강력 처벌하는 것이 성희롱 규제 본 목적인가? 만약 그렇다면 성희롱의 보호법익을 다시 물어야 한다. 성희롱은 성차별 금지를 통한 노동권 보장, 인격권 보장을 목표한다. 적대적인 환경으로 노동하기 어렵게 만들었다면, 행위자 처벌보다 중요한 것은 노동하기 어렵게 된 상황이 무엇인지 파악하고 다른 차원에서 노동하기 어렵게 된 상황을 같이 문제 제기해야 한다. 또 다른 어려움(임금 체불, 인격 모독 등의 갑질)보다 왜 성희롱을 먼저 드러냈는지도 물어야 한다.

"성적 언동도 문제지만 성희롱보다 일을 안 하고 시키기만 하는, 정말 능력 없고, 이상하게 괴롭히는 그 행위가 더 문제라고 생각해요. 왜 성희롱은 강력하게 규제하는데 나를 괴롭히는 그 행위는 참아야 하나요? 얼마나 이상하게 괴롭히는지 알아요? 본부장에게 까였다고 3시간 동안 이야기를 들어주는 것은 3분 성희롱보다 더 괴로워요. 이제는 직장 내 괴롭힘도 고소할 수 있다고 하던데… 증거부터 모아야겠어요. 성희롱은 신고만 해도 보호해 준다니 일단 성희롱으로 신고한 거죠."

(36세 연구행정직)

위 사례에서 행위자는 성희롱이라고 신고받기 전에는 자신의 언동이 왜 문제인지 전혀 몰랐다고 했다. 행위자는 성희롱 포함 자신의 언동이 왜 문제인지를 인정하는 훈련을 해야 한다. 성희롱으로 입증, 판단되지 않았어도 자신의 어떤 행동이 문제일 수 있기 때문이다. 함께 살아야 하는 동료나 부하 직원에게 자신이 한 행동의 문제가 무엇인지 상대방의 입장에서 숙고해 봐야 한다. 이러한 숙고 과정이 사과를 할 수 있는 시작이 된다.

따라서 피해가 알려지면 조직 문화 개선을 위한 다양한 방법을 강구하고, 행위 특성에 따라 행위자와 접촉하여 인식 변화 등을 통한 사과를 제안하자. 이것이 행위자로 지목받은 자가 성찰·반성하며 사과하는 방법이다. 동시에 피해자가 사는 방법이기도 하다. 그 이후 처벌 징계를 실행해도 늦지 않다.

사과 전
체크리스트

안○○ 전 지사의 사과가 발목 잡았다는 '이상한' 기사에 현혹되지 말고 자신의 잘못을 인정하면 사과하자. 만약 성희롱·성폭력이 아니라고 생각하면 끝까지 자신의 진술을 주장해야겠지만 진정이 들어오면 적극 들어 보길 권한다. 변명하지 말고 들어 보라. 많은 경우 지위 보전을 위해, 때로는 여론에 밀려 죽어도 사과하지 않기도, 사과하기도 하지만 이러한 행동은 결국 당사자를 죽인다.

진리는 밝혀진다는 것, 이는 피해자나 가해자 모두에게 해당 된다. 이를 위해 가장 중요한 것은 자신의 목소리를 들어야한다. 자신을 아주 진지하게 숙고하면서, 그리고 한 발 멀리, 또 애정을 가지고 솔직하게 살펴보길 바란다. 성희롱 판단 여부를 기다리지 말고 상대방을 힘들게 했다는 그 사실에 사과하자. 성희롱 판단은 그 이후이다. 어떠한 고통에 사과한다고 해서 하지 않은 언동이 성희롱이 되는 것은 아니다.

사과의 기본 전제와 방법[87]에 대해 소개한다.

1. 내 행위에 대한 책무성을 받아들인다. 만약 내가 관계를 망쳐 버린 것이라면 그것을 인정한다. 내 책임을 회피하거나 다른 누군가를 비난하려 하지 않는다.
순간적으로 내 탓을 하기보다 남 탓을 하기가 쉽다. 분노의 대상을 자신이 아닌 타인으로 해야 더 시원한 느낌이 들 수 있다. 그래서 필자는 행위자를 만나면 먼저 남 탓을 실컷 하라고 한다. 그리고 다시 자기 속으로 돌아오는 연습을 한다.

2. 사과를 할 수 있는 최적의 시간을 찾는다.
언제가 최적일까? 최적의 시간은 그 사건을 인지한 순간이다. 그렇다고 그 순간을 무마하거나 회유하기 위해 사과해서는 안 된다. 사건 인지 후 무엇을 잘못했는지 정리해 보고 본인이 인정한 것을 사과한다. 성희롱 관련 판단 전에도 가능하다.

3. '내가 사과할게(I apologize)'가 아닌 '미안해(I am sorry)'라고 말한다.
'미안하다'는 것은 피해, 고통에 대한 회한과 슬픔을 표현하는 것이라면 '사과'는 가한 행동에 대한 후회를 의미한다. 상대방에게 정말 미안하다고 느낄 때 '네가 얼마나 힘들지 정말 미안하다' 등의 감정을 드러내어 말한다.

---

[87] Leading with Trust(2014), 8 Essentials of an Effective Apology. Leading with Trust에 근거하여 성희롱 가해자 교육과 피해자, 상담 지침을 고려하여 정리하였다. www.grammarly.com/blog/apology-letter/(2017.12.2)

4. 다른 사람에게 어떻게 상처를 주었는지에 대한 진실된 공감을 표현한다.

   '미안해'라고 말하는 것과 더불어 이 단계는 피해를 끼친 당사자가 피해자의 상처를 알고, 이해하고, 후회하고 있다는 것을 알도록 하는 데 매우 중요하다. 위와 같이 사과의 포인트는 진실성이라는 것을 명심한다.

5. 조건부 언어를 사용하지 않는다.

   사과할 때 '만약에', '그러나'와 같은 단어를 사용하지 않는다. 예를 들어 성희롱 사과문에서 많이 보이는 '나는 성희롱을 하지 않았다. 그러나 당신이…' 등의 표현은 사과가 아닌 변명이다. 그리고 여기엔 진실성이 없다. 다른 말로 토를 달지 말라는 것이다. 정말 사과하고 싶다면 상대방이 무슨 말을 하더라도 토론하지 않는다. 토론은 사과 이후이다. 필자는 일단 상대방의 고통에 공감(사과)하고 토론하고 판단받고 다시 진정으로 사과하기를 강권한다.

6. 변명 혹은 설명을 늘어놓지 않는다.

   가한 행동이 상대방에게 어떠한 느낌이 들도록 만들었는지, 그리고 이후에는 어떻게 다르게 행동할 것인지에 대해 집중해서 사과한다. 행동에 대한 변명이나 왜 그러한 일이 일어났는지에 대해 합리화하지 않는다.

7. 듣는다.

   가장 중요한 요소이다. 하지만 간과되기 쉽다. 사과를 한 이후에 입을 열지 않고 듣는다. 피해자가 그들의 감정을 공유하거나, 감정을 분출하거나, 울며 소리 지르거나… 무엇을 하든 진정성있게 듣는다.

8. 같은 행동을 다시는 반복하지 않는다.

   그 누구도 완벽하지 않으며 실수는 일어날 수 있다. 진정한 사과는 같은 행동을 다시는 반복하지 않겠다는 약속을 필요로 한다. 행동의 심각성에 따라 여기에는 실행 계획이 포함될 수도 있으며 혹은 카운슬링과 같은 과정을 필요로 할 수도 있다.

토론 1 — '나'는 성희롱 사건 피해자와 막역한 사이이지만 가해자로 지목된 자와 만나 피해자에 대한 사과 등의 방법을 중재하고 싶다. 이러한 상황을 피해자가 안다면 배신감으로 더 큰 분노가 쌓일 수 있다. 이런 난처한 상황을 어떻게 풀어갈 것인가?

토론 2 — 피해자가 근무 중인 근무처에 가해자 가족이 성희롱 관련 무고 민원을 제기하며 업무상 불이익을 끼칠 만한 행위를 피해자에게 하고 있다. 피해자에게 고통을 주는 이런 행위에 대해 가해자 가족은 가장을 지키기 위한 방어권이라고 한다. 이러한 상황에서 조직의 구성원으로 있는 '나'는 어떻게 할 것인가?

3장

우리 모두 관여되어 있다?:
개인적 책임은 가해자가,
사회적 책임은 함께 지는 이유

수많은 일상 성희롱 문제를 법체계 안에서 제재하기 위해서는 성희롱 입증, 판단을 위한 다양한 논의가 필요하다. 그러나 성희롱 가해 행위자 입증과 처벌에만 골몰하는 금지·정책·절차3Ps: prohibition, policy, procedures를 넘어서기를 주장한다. 이제는 일상화된 차별, 모욕, 혐오 문화에 대한 근본적인 변화를 고민해야 한다. 개인적인 처벌 이상의 부정의한 모욕 사회가 만드는 '해畜'에 연루된 각자의 책임을 생각해 보자. 성희롱 발생에 대한 '나'의 책임은 어디까지인지, 이를 위해 그 상황과 무관하게 보이는 '나'의 역할에 대해 고민해 보자. '나'는 성희롱 행위에 공모한 것은 아니지만 의도하지 않게 이 구조에 공생, 상생하고 있다. 우리 모두 연루된implicated 주체로서 성희롱 발생 구조를 분석, 성찰, 재구성하기를 촉구한다. 어렵겠지만 그럼에도 가능한 '조력자'로서의 할 일에 대해 제안한다. 이는 피해자 지원뿐 아니라 사회의 변화를 조금이라도 도모할 수 있다.

함께 책임진다는 것의
의미

미투 논란으로 가해자로 지목받아 더불어민주당 총선 영입 인재 자격을 반납한 △△△가 '진실 여부와는 별개로 함께했던 과거에 대해 이제라도 함께 고통받는 것이 책임 있는 자세라고 생각한다'고 말했다. 이에 △△△의 전 여자친구는 '제가 과거에 겪었던 고통을 자기가 인정을 해야 하는데 저랑 같이 (고통을) 치르겠다라는 말을 과연 가해자로서 할 수 있나 억울했다'라며 심경을 밝혔다.

△△△가 말하는 '책임 있는 자세'란 무엇인가? 함께 고통받는 것인가? 함께 책임진다는 것은 △△△의 말처럼 함께 고통받는 것이 아니다. 우선 가해 여부에 대한 진실이 밝혀져야 하고, 그에 따른 절차가 진행되어야 할 것이다. 어찌되었든 어떤 행위로 인한 고통은 피해자가 아닌 행위자가 져야 한다. 개인적인 처벌로 그칠 것이 아니라 부정의하고 모욕적인 사건으로 인한 사회적 고통 치유[88]와 변화를 실행해야 한다. 이것이 책임을 지는 것이다.

그런데 책임을 지라고 하면 개인에 대한 신속한 처벌이 이뤄지고, 사회적 반향을 일으키는 사건인 경우 그 개인이 속한 조직의 부서장이 사과를 하는 정도로 마무리된다. 때로는 사업주

---

[88]   앨런 영(2002), "고통과 외상성 기억의 근원", 『사회적 고통』, 그린비.

에 따라 성희롱을 강력하게 규제, 처벌하는 기관도 등장한다. 조사도 하지 않고 혐의나 의혹만으로 징계위원회를 요청하는 기관도 보았다. 성 관련 의혹이 발생하면 속전속결로 처리하겠다는 의지이다. '시끄럽기 전에 가해자로 지목받은 자를 그냥 빨리 치워 버리겠다는' 것이다. 그 결과로 스쿨 미투에서 무고하게 성 비위 교사로 몰린 소수의 피해 교사들에 대한 논의가 전혀 이루어지지 않고 있다는 우려도 생기고 있다.

모 대기업은 성(희롱) 관련 품위 손상 소문만 발생해도 임원 대상에서 제외한다. 공직자도 마찬가지이다. 성 관련 비위 사건은 정부 공직자 7대 비위[89]에도 들어갔다. 수많은 나쁜 범죄 중에서 성범죄 여부가 중요 기준이라는 것은 그만큼 공직자의 성 의식이나 성 윤리를 중요하게 검증하겠다는 의지로 긍정적이다.

물론 상호 믿고 사는 사회, 조직, 기관에서 일방의 힘에 의한 모욕적인 희롱, 폭력 행위는 분명 제재해야 한다. 그러나 그 언동의 근본적인 원인에 따른 처방이 만들어지지 않는다면 개인적 처벌에서만 끝날 수 있다. 엄벌주의로 인해 누군가의 언동이 제지되겠지만 근본적인 변화를 고려하기보다 눈에 보이지만 않으면 넘어가는 미봉책으로 끝날 수 있다.

반면 피해자들의 성인지 감수성과 권리 의식이 높아진다. 그러나 이 사회는 그만큼 따라가지 못한다. 그러다 보니 문제를 제

---

[89] 고위공직자 후보자가 될 수 없는 임용 배제기준 7대 비위란 병역 기피, 부동산 투기, 세금 탈루, 위장 전입, 논문 표절에 음주 운전, 성범죄를 포함한다.

기한 피해자들만 갈수록 힘들어지는 경향이 있다. 성희롱 상황을 중재하고 협상한 협상자도 힘들고, 그 상황에 있었던 피해자는 물론 문제를 제기하지 않는 방관자까지도 조직내에서 무엇을 해야 할지 몰라 힘들다. 때로는 사건이 일어난 자리에 있었다는 이유로 모두 힘든데 당사자나 문제 제기를 한 자 외에는 그 누구도 관여하려 하지 않는다.

성희롱의 발생 '책임'을 진다는 것이 무엇인지부터 다시 고민해 봐야 한다. 성희롱 행위에 대한 개인적 책임은 행위자가 져야 하지만, 사회적 책임은 그 행위가 일어나게 된 사회 구조와 그 안에서 그 구조가 유지되도록 순응, 협력, 관여하면서 살고 있는 '나', '너', '우리' 모두가 져야 한다. 만약 사건을 행위자의 법적 책임으로만 끝낸다면 가해 행위자 입증과 처벌에만 골몰하다가, 그러한 언동이 왜 발생했는지 파악하는 것을 잊게 된다. 위의 △△△ 사건의 경우, 지목자 사퇴나 사과 또는 법적 처벌 절차로만 끝낼 것이 아니라, 사건이 어떻게 발생하게 되었는지, 피해자는 당시에 어떻게 대응했는지, 그리고 더불어민주당은 어떻게 이러한 사람을 인재로 영입하게 되었는지를 밝히고, 그 과정에 대한 정확한 설명과 함께 방지책을 만들고 실행하는 것, 이것이 사회적 책임을 진다는 것이다.

또 성희롱 발생에 대한 '나'의 책임이 어디까지인지, 그 상황과 무관하게 위치한 '나'의 책임이 무엇인지까지도 고민해 보자. 혹 언론에 등장하는 성희롱 사건에 대해 거리 두기를 하면서 비판만 하고 있지는 않았는지? 과연 '나'는 무엇을 실천할 수 있는지? 이러한 사회 구조에 같이 살고 있기에 의도하지 않았음에도 개인으로서 관여關與나 공모共謀했다면 나도 책임이 있는지, 혹은 제외해야 하는지? 그래서 만약 피해자에게도 책임이 있다면 얼마만큼의 책임을 져야 하는지? 공모라는 단어로 피해자를 화나게 하는 것은 아닌지?

로스버그[90]의 공모와 연루/관여에 대한 비교가 이러한 고민에 많은 도움이 되었다. 로스버그는 공모complicity와 연루implication를 구분한다. 공모란 범죄적 의식과 연관되는 일종의 '죄'로, 피해자가 직접 성희롱 행위에 공모한 것은 아니다. 반면 죄는 없지만 윤리적이고 정치적인 반성을 산출하는 참여의 구조에 공생, 상생한다는 점에서 우리 모두는 연루되어 있다고 한다. 피해자도 다른 방식으로, 행위자와 정도는 다르지만 그 행위에 연루되어 있을 수 있다. 직접적이지는 않지만 그 언동이 가능하도록 혐오 문화에 일상적으로 연루되어 있을 수 있다. 또는 어떤 언동의 피해자이기도 하지만 또 다른 언동을 통해 다른 누군가에게 '해害'를 끼쳤는지도 모른다.

로스버그는 모든 인간의 행동은 다른 사람의 행동에 의해 조건되고 연결되고 연루된다고 말한다. 누군가에게 '해害'를 입힌 언동에 공모한 죄guilt에 대한 책임을 지라는 것이 아니다. 그것은 당연히 가해 행위자가 져야 한다. 단 이 사회에 같이 살고 있다는 점에서 그 부정의에 대한 책임responsibilty져야 한다. 이에

---

90 Rothberg, Michael(2019), 『THE IMPLICATED SUBJECT—beyond victims and per petrators』, stanford university press.

대해 아이리스 매리언 영은 정의를 위한 정치적 책임, 공유된 책임을 주장한다.[91]

따라서 성희롱은 개인의 법적 책임 이상으로, 성희롱을 만드는 부정의한 사회에 연루되어 있는 우리가 사회 변화에 동참해야 한다. 너스바움의 주장처럼 진지한 자기 성찰을 통해 부정의에 대한 책임을 져야 한다. 이는 우리 자신의 나르시시즘과 이기적 열망, 그리고 타인 위에 군림하려는 욕망을 확인하고 그것에 맞설 수 있을 때 가능하다.[92] 그렇다면 나의 이기적 열망, 타인 위에 군림하려는 욕망 그리고 성애화 된 모욕, 혐오 문화의 일상화를 어떻게 변경할 것인가? 유엔 여성기구 또한 성희롱 방지를 위해 금지·정책·절차3Ps: prohibition, policy, procedures를 넘어서기를 주장한다.[93]

---

[91] 아이리스 매리언 영(2018), 『정의를 위한 정치적 책임』, 이화여자대학교출판문화원 참고. 영은 죄와 책임을 구분한다. 죄는 과거에 저지른 일을 근거로 그 사람을 법적으로 비난하겠다는 것이며 책임은 미래 지향적 개념으로 개인과 집단 모두에게 물을 수 있다고 주장한다. 즉 책임져야 할 정치 과정에 참여했다고 해서 반드시 죄로 귀결되는 것은 아니라는 것이다. 이러한 지점에서 시민으로서 공유된 책임을 지는 것은 의미가 있다. 이를 위해 행위자의 권력, 특권, 이익을 분석하는 것이 필요하다. 반면 너스바움은 죄와 책임을 분리하는 영의 주장을 비판한다. 필자는 성희롱 발생 구조 변화를 위해 영의 주장을 비판적으로 수용한다. 예를 들어 죄를 비난할 수 있는 성희롱 관련법의 제·개정도 필요하지만 사회적 정치적 책임을 공유할 수 있는 다른 전략도 필요하다. 필자는 법 제·개정을 중심으로 진행되는 현 운동/정책 방향에 대해 비판하면서 개인 처벌, 사퇴만이 능사가 아니기 때문이다. 사회적 정치적 책임을 좀 더 강조한다.

[92] 마사 너스바움(2015), 『혐오와 수치심』, 민음사.

[93] UN WOMEN(2019), 앞 글 참고.

관습화된
'쩌질한' 성적 언동
중단하기

여성과 남성이 유별한 사회에서 성장하면서 특정 지위나 권력을 가지면, 괴롭히는지도 모르면서 하는 '그냥 그대로'의 습관이 (비)의도적으로 상대방에게 가해지거나 상대방을 함부로 하는 폭력이 성희롱이다. 그 기준은 상대방의 동의 없이 이 사회가 '성적'이라고 말하는 부위 접촉이나 말들이다. 그래서인지 행위자는 자신의 잘못된 그 언동의 의미를 잘 알지 못한다. 왜 그것이 잘못인지 깨닫는 데에 시간이 걸린다. 그렇기에 사과도 힘들고 어쩔 줄 몰라 한다.

그래서 성희롱 문제는 개인적 고통 이상의 사회적 고통이다. 사회 구조적인 '해惡'가 만드는 사회적 고통이라는 인식이 없다면 가해자와 피해자는 평행선상에서 영원한 분리로 마무리될 것이다. 또 성희롱이라고 인지하여 공식적으로 발화하는 순간 비밀 유지를 지속, 강조해도 '모두가 아는 비밀'이 된다.

피해/피해자를 만드는 사회, 가해자가 사과도 하지 못하게 막는 사회, 그리고 성희롱 사건에 대해 토론하지 못하게 하는 방식이 변경돼야 한다. 이를 위해 '방관자/주변인 효과bystander effect'를 고려하여 조력자/지지자upstander가 되기를 희망한다.

방관자를 조력자로 만드는 미국의 교육 프로그램[94]을 예시로 살펴보자. 일반적으로 성희롱을 예방하기 위한 교육 프로그램들은 흔히 사건의 잠재적 가해자와 피해자에 초점을 맞추어 교육 내용을 구성하는 경향이 있다. 해당 연구[95]에 따르면 이는 그리 효과적이지 않다고 주장한다. 성희롱 사건의 당사자가 아닌 사건 예방 그리고 해결 과정에 도움을 줄 수 있는 주변인 bystander이 할 일을 중심으로 교육을 진행하면 그 예방 효과가 더 커질 수 있다는 것이다.

앞에서 소개한 SSMW직장 내 잘못된 성적 언동 스펙트럼, the Spectrum of Sexual Misconduct at Work는 고정된 규칙이라기보다는 일종의 방향과 범위를 제시한다. 이를 통해 조직 내 구성원 모두가 동료 간의 관계를 해치거나 적대적인 업무 환경을 조성할 수 있는 잘못된 성적 언동의 정도를 숙지하도록 돕는다. 정말 중요한 점은, 이러한 스펙트럼은 그간 이야기되지 못했던 성적 언동의 문제점에 대해 말할 수 있게 된다는 것이다.

다양한 조직에서 SSMW를 사용하고 있는데 그 효과는 다음과 같다. 첫째, 직장 내 성희롱에 대한 구성원 간의 토론 및 문제 제기 문화를 활성화하는 효과가 있다. 방관자였던 사람들이

94　해당 교육 프로그램의 법적 근거가 되는 전국캠퍼스성폭력근절법(United States Campus Sexual Violence Elimination Act, SaVE)은 2013년 미국 오바마 정부 당시 제안이 되었지만 독립된 법으로 통과되지 않고 그 내용이 여성폭력방지법 개정법(The Violence Against Women Reauthorization Act of 2013)에 포함된 바 있다.

95　Hensman Kettrey, Heather, Marx, Robert(2018.10.08.), The Bystander Effect and Sexua ssault. heWire. Retrieved from https://thewire.in/society/bystander-effect-sexual-assault-research

지지자upstander로 변모하는 효과도 있다. 둘째, 기업 이미지 보호 등 위기 관리의 맥락에서 조직에 도움이 되는 방안들을 고안하게 된다. 셋째, 아주 미묘한 성희롱적 언행들로 고통 받았던 사람들이 자신들의 상황을 이해받았다고 느낄 수 있게 한다.[96][97]

스펙트럼은 총 6단계로 구성된다. 6단계를 한국 상황에 적용, 변경하여 소개한다. 우선 남성 간부와 여성 부하 관계의 성별 권력을 약화시키기 위해 학습해 보고, 이후 다양한 성적 언동 예시를 찾아내 학습해 보자. 언론을 통해 드러나고 자주 언급되는 예시를 유형화시켜 보고 그 상황을 주변인이 어떻게 지원하고 연대할 수 있을지 고민해 보자.

이러한 훈련은 직장 내 성희롱을 판단하는 주요 변수인 성별, 지위 이외에 현장직종 특성, 인종/민족, 섹슈얼리티, 연령 등의 다양한 현실을 매개하여 각각의 현장에서 개인이 어떠한 역할을 할 수 있는지를 경험하고 토론할 수 있게 한다. 다양한 경험을 통해야 타인에 의해 조작, 설계된 현실에 대한 비판 능력이 생긴다.

이는 영화나 드라마 주인공을 대비해서 만들어 볼 수 있으며 현장에 따라 다양한 예시를 만들어 적용할 수 있다. 행위자의

---

[96]   Reardon, Kathleen Kelley(2018.06.19.), It's Not Always Clear What Constitutes Sexual Harassment. Use This Tool to Navigate the Gray Areas. Harvard Business Review. (구글 검색)

[97]   Crossing The Line – A Spectrum of What is and Isn't Sexual Misconduct. Huffpost(2017.12.20.), Retrieved from http://www.huffpost.com/entry/crossing-the -line-a-spectrum-of-what-is-and-isnt

행위를 유형화하는 것처럼 당사자나 주변인도 상대방의 불쾌한 언동에 대한 반응을 단계별로 유형화할 필요가 있다. 어떤 상황의 당사자가 직접 주장하지 못할 때 만약 주변인이 다음과 같이 말한다면 당사자는 힘이 나며 적극 대응할 수 있기 때문이다.

	행위자	당사자나 주변인
보통 그리 불쾌하지 않은 것 (Generally not offensive). 머리 스타일이나 옷차림, 외모 등에 대해 통상적으로 하는 말들	혜민 씨 머리 새로 했나 봐. 은근히 섹시하다. 왜 우리는 '새끈한' □□□ (연예인)같은 직원이 없을까 너무 멋지다.	칭찬 감사해요. 우리 일에 '새끈한' 직원은 필요 없어요. 저는 '새끈하지' 않아도 일 잘 하잖아요.
약간 이상하고, 다소 불쾌한 것(Awkward/mildly offensive). 특정 성에게 불리한 젠더 구별(gender distinction)을 포함, 암시하는 말들	오빠 저를 도와주세요.(풍자) 여자들 앞에서는 말도 못해. 너무 예민해서 문제야.	약간 불쾌하려 해요. 저를 예민하다고 생각하지 마세요. 부장님은 여성과 남성을 구별 하시고 평가하시네요.
불쾌한 것(Offensive). 젠더 무감각 혹은 젠더 우월적 인 태도	여자들은 남자 없으면 안 되지? 음양의 조화인데 너무 여자들 권리만 주장하지 마. 역시 근육질 남자 직원을 뽑아 야 무거운 짐을 들지. 일방적인 포옹.	여성이나 남성에 대해 특별한 편견을 가지고 계신 것 같아요. 농담이라도 참 불쾌합니다.
아주 불쾌한 것(Highly, Seriously offensive/Intentional lowering of women's value). 고의적으로 특정 성을 폄하하 는 말 혹은 행동	상대방을 모욕/당황하게 만들 의도로 특정 성의 지능과 기술 등으로 농담할 때. 특정 성은 수학을 못하니 운전도 못해, 참 공간 개념이 없어. 정치를 왜 하는지 몰라 공격받 으면 징징거리면서 몸싸움도 못하고, 바보처럼 울더라.	굉장히 불쾌합니다. 특정 성을 일반화해서 평가하 지 마세요. 국장님, 이렇게 하 시는 것이 성차별, 성희롱입니 다. 다음에 또 하시면 고충 처 리할게요.
명백하게 잘못된 성적 언동 (Evident sexual misconduct). 노골적인(crude) 육체적 침해 행동	오늘 밤 그랜드호텔 뷰 보면서 술 한잔 어때? 제안 후 육체적 지분거림, 성 적 접촉, 시선 강간 등	이것은 엄격한 의미의 성희롱, 성추행입니다. 경고합니다.
심각하고 치졸하고 천박한 성 적 언동(Egregious sexual misconduct). 강요, 성적 학대, 혹은 폭행과 같은 행동	출장 가서 같이 지내자. 제안에 응하지 않으면 인사고 가에 불리한 평가, 성적 추행 발설 시 너 죽고 나 죽자 식의 협박 등	오늘 이 상황, 기록합니다. 조직에 신고합니다.

성희롱 발생에
연루된 주체로서
함께 고려할 일

　2018년 용기 있는 미투와 언론 보도 그리고 쏟아지는 법안 및 제도로 인해 한국 사회는 성희롱·성폭력을 신고만 하면 해결할 수 있을 것 착각에 잠시 빠졌다. 커다란 변화가 있을 것이라 기대했고 행복했다. 한국 사회의 성차별적인 권력에 대해 어렵게, 그러나 용기 있게 얘기했기 때문이다.

　그렇다면 지금 한국 사회는 그 질문에 어떻게 응답하고 있는가? 미투 결과 가해 행위는 감소, 근절되고 있는가? 또 미투 당사자는 직장 또는 본인이 선택한 공간에서 살고 있는가? 미투 전후로 무엇이 변화했는지 냉철하게 분석해야 한다. 미투 관련 발의된 법만 145개라고 한다. 그중 35건24.1%이 본 회의를 통과했다.[98]

　제·개정된 법은 성범죄 행위자에게 강한 처벌을 할 수 있다. 든든한 방지 효과가 있을 수 있다.[99] 그리고 다양한 의료적, 심리적, 제도적 지원을 할 수 있게 되었다. 직장 내 성희롱을 다

---

[98]　미디어오늘, "지금 당장 필요한 미투 법안 소개합니다", 2019.02.03.

[99]　폭행, 협박이 없어도 의사에 반한 성관계를 처벌하자는 '비동의간음죄'에 대한 논의가 있었다. 지난 안○○ 전 지사의 1심을 계기로 도입 논의가 확산되었다. 그 당시 위력의 존재와 행사 여부를 분리한 뒤 저항을 곤란하게 하는 물리적 강제력이 행사된 구체적 증거가 보이지 않는다고 판단해 무죄를 선고했기 때문이다. 최협의설에 기반한 해석을 비판하기 위해 동의 여부가 본격적으로 논의되면서 권리주체로서 피해자의 진술 신빙성을 더욱 세밀하게 검토해야 할 과제를 남겼다.

루는 법들은 성희롱 가해자에 대한 내부 징계나 과태료 처분만 규정할 뿐 형사 처벌 근거가 없었다. 그러나 최근 개정된 남녀고용평등법 제14조 6항 불이익 조치 등을 통해 검찰에 기소 의견으로 송치되면 행위자_{피진정인}를 피의자 신분으로 조사할 수 있게 되었다. 이후 사법부의 강력한 의지가 있으면 성희롱은 형사 처벌될 수 있다.

하지만 피해자들은 법제도 체계에 대한 불신으로 미투를 했음을 알아야 한다. 당사자들의 억울함은 법만으로 해결되지 않는다. 피해자는 강력한 형사 처벌을 통해 가해 행위자를 응징하려는 마음도 있지만 ① 즐겁게 능력껏 일할 수 있는 직장 환경 조성과 ② 당사자로서 진술 재판의 한계와 불신으로 다른 대안을 찾고자 한다. 피해자들의 공통된 진술대로 마음 같아서는 죽여 버리고 싶지만, 피해자들은 그것이 뜻대로 되지 않는다는 것을 누구보다도 잘 알고 있다. 피해자들은 누군가에게 고통을 주는 언동을 하고도 오히려 떳떳하게 살아가는 그 행위자들의 권력에 분노하는 것이다.

물적 증거를 남기는 성희롱은 감소하는 것처럼 보이지만 언어 성희롱은 갈수록 증가하고 있다.[100] 또 SNS를 통한 성희롱적 의견 표명이 표현의 자유라고 주장되거나 업무 관계성을 고려하기 어려운, 예술, 훈련, 실습 등의 이름으로 행해지는 (예

---

[100] 2018년 여성가족부 성희롱 실태조사에 따르면 외모에 대한 성적 비유나 평가가 21.5%, 회식에서 술 따르기 등 옆에 앉도록 강요 등이 15.4% 음담패설 및 성적 농담, 14.9% 신체 접촉 또는 강요 13.9% 사적 만남 강요 11.7% 신체 부위 처다보기 8.6%로 대체로 직접적인 신체 행위보다 성적 행위 강요, 외모 평가 등 언어 성희롱이 많았고, 이는 전체의 약 70%를 차지했다.

비) 문화예술인, 체육인, 종교인 등에게 가해지는 적대적 환경도 증가하고 있다. 그럼에도 이러한 성차별적, 모욕적 환경형 성희롱은 입증과 판단이 여전히 어렵다.

그렇다고 피해자가 불쌍해서 혹은 가해자의 언동이 사회적 규범 체계에 맞지 않는, 변태 같다는 이유로 가해자를 처벌하는 것은 궁극적으로 성희롱 문제를 해결할 수 없다. 때로는 피해자의 지위, 계급, 성 경험이나 성 인식 등의 평소 성력sexual history 등에 영향을 받아 사실을 보지 못할 수도 있다. 역으로 기존 사회의 성의식이나 관습적 예의에 맞지 않아서 성희롱이라고 판단할 수도 있다.

따라서 상투적이라 할지라도 성희롱에 저항하는 평범한 시민이 고려할 것들에 대해 정리해 보았다. '나', '너', '우리'라는 시민이 이 사회에서 같이 살면서 의도하지 않게 연루되고 관여되어 저지를 있는 언동을 방지하기 위한, 누구나 다 알고 있는 지침이다. 이러한 지침이 우리 삶에 체화될 때 법제도적 변화도 효과가 있을 수 있다. 그래야 사회가 변화한다.

필자가 필자의 자리에서 잘할 수 있는 것은 성희롱에 대해 주변 사람들과 토론하고 상담하면서 복잡한 실타래를 풀어 정리하는 것이다. 이것이 소소하게나마 필자가 책임을 지는 방법이다. 특정 신체 성희롱성추행, 강간 등을 당했을 경우에는 법 전문가들이 법의 엄격한 적용으로 책임을 질 수 있다. 주변인들은 피해자가 물리적, 경제적, 사회적, 심리적으로 충분한 준비를 하도록 함께해 줄 수 있다. 이처럼 책임을 진다는 것은 각자가 맡은 역할에 최선을 다하는 것과 역할 수행이 사회 변화를 추동하도록 함께 성찰하고 토론하며 서로 힘이 되어 주는 것이다.

누구나 다 알고 있는, 성희롱 '해(害)'를 줄이는 방법

1. 성희롱은 개인의 문제가 아니라 조직과 조직이 속해 있는 사회·문화의 문제이다. 따라서 개인의 억울함이나 분노 해소를 위해 행위자 징계 등의 처벌에만 목숨 걸지 말자. 행위자가 처벌되어도 분노는 완벽하게 해소되지 않는다. 처벌은 하나의 방법일 뿐이다.

2. 성희롱은 누구나 제기할 수 있다. 피해자뿐 아니라 3자도 제기할 수 있다. 하지만 사람을 지목하지 말고 행위 자체를 지목한다. '누구'보다 언동이 일어난 '맥락'과 '해(害)'에 주목한다.

3. 피해를 주장하는 자가 문제 제기한 성적 언동 여부의 사실 판단보다 해당 언동이 조직(문화)과 피해자에게 미친 영향을 파악한다.

4. 성희롱은 조직 구성원의 노동권 침해이고, 결과적으로 특정 개인에 대한 인격권 침해이다. 조직 내에는 성희롱뿐 아니라 일방적인 괴롭힘이나 인격 비하 등의 모욕감 등을 주는 언동도 수없이 많다. 성희롱만을 단독으로 별건 처리하지 말고 같이 연관되어 있는 괴롭힘 등도 통합적으로 처리한다. 또한 이러한 언동을 가능하게 하는, 관습된 조직문화를 해부한다.

5. 성희롱 입증은 쉽지 않다. 그 상황에 대한 성차별, 인권 침해 여부의 검토 이후, 피해자가 왜 그 상황을 성희롱으로 인지하였는지, 그 행위로 인한 피해가 무엇인지를 듣고 참고인 진술을 참작한다.

6. 행위자 징계는 조직의 취업 규칙에 따른다. 단 취업 규칙은 성희롱 방지 전문가(근로 당사자, 학자, 여성시민사회, 법을 포함한 공공의 처리지침 등)의 의견을 참조하여 매년 노조나 노사협의회와 토의, 의결, 공표한다. 조사 과정을 통해 행위자를 색출하거나 사실 여부를 확인하기보다 조직문화를 중심으로 보고자의 고충이나 고통이 왜 문제인지를 먼저 찾는다.

7. 성희롱을 방지하기 위한 기관이나 조직 등의 자율적인 정책 마련이 중요하다. 그리고 이를 관리 감독하는 국가의 명확한 방향과 지침이 있어야 한다. 이를 위해서는 각 기관이 잘 처리할 수 있도록 표준 지침을 매년 점검하여 새롭게 제시해 주고 교육 및 컨설팅을 통해 조력해야 한다. 특히 여성

가족부, 고용부, 법무부, 교과부, 행정안전부, 국가인권위원회 등 성희롱 관련 업무를 하는 정부 부처의 통합적 방향과 점검이 필요하다.

8. 초기 성희롱 문제화의 시작은 성별 권력에 대한 문제 제기였다. 성별이 존재하는 한, 그리고 성별 권력에 대한 감수성을 갖지 않는 한 성희롱은 근절되지 않을 것이다. 정말 쉽지 않은 일이겠지만 권력에 대한 권력자의 성찰이 필수적이다. 권력은 영원하지 않다는 것, 그리고 지금의 자리가 '권력 실행 역할'을 잠시 맡은 자리뿐이라는 것을 훈련/교육한다.

9. 성희롱 방지는 공동체의 지속 가능성과 인권에 대한 감수성을 갖는 성 시민성(sexual citizenship)의 고양이다.[101] 각 개인이 하는 언동이 상대방이나 조직, 사회에게 어떠한 영향을 미치는지 지속적인 성찰 과정이 필요하다. 당사자의 언동이 당사자에게는 즐겁지만 과연 상대방에게도 즐거운 것인지를 끊임없이 되새긴다. 이는 주변, 조직, 사회의 성찰적인 변화 의지와 실행에 의해 가능하다.

10. 피해자의 고통이 어느 정도인지, 언제까지인지 아무도 모른다. 피해자 또한 모른다. 당사자인 피해자가 가만히 있으면 조력은 불가능하다. 조력자가 할 수 있는 것은 당사자가 무엇인가 할 수 있도록 지원하는 것이다. 또 방관자는 의도하지 않았더라도 성희롱이 지속되도록 돕고 있다는 것을 알아야 한다.

11. 피해자 당사자도 마음을 열고 자신의 목소리를 듣는다. 자신의 요구대로 다 이루어지지 않는다는 슬픈 현실도 받아들여야 한다. 또 경계가 분명하지 않아 자신의 고통이 성희롱·성폭력으로 명명되지 않을 수 있다는 것을 수용한다. 단 성희롱이 아니라고 해서 그 고통이 부정되어서는 안 된다. 성희롱·성폭력이라는 현재의 법적 용어가 아닐 뿐이다.

12. 고통과 즐거움은 친구와 같다. 인간이 살아가는 데 늘 함께한다. 성희롱·성폭력 피해 고통도 그러하다. 성희롱·성폭력이 다른 고통을 더 악화시킬 수 있고, 역으로 다른 고통이 성 관련 사건의 고통을 더 배가시킬 수 있다. 동시에 즐거운 다른 일도 있을 수 있다. 조력자들과 함께 고통을 치유하고 즐거움을 나눌 수 있는 방법을 함께 만들어보자.

---

[101]   Diane Richardson(2000), "Constructing sexual citizenship: theorizing sexual rights", Critical Social Policy 20; 105 Published by: sagepublications. 성적 시민성이란 헌법에서 인정하는 성적 안전과 즐거움을 위한 이 사회의 지향 가치이다. 사회적·개인적 배움을 위

토론 1 — 다음은 리차드슨의 성적 시민성(sexual citizenship)을 한국적 상황에 맞게 재구성한 표이다. 성희롱 방지를 위해 각자의 수준에서 함께할 권리/책임, 기쁨을 누릴 권리/책임, 사회 행동에 참여할 권리/책임을 위해 무엇을 함께할 수 있을지 고민해 보자. 단계별로 맞춤형 프로그램을 만들어 공유해 보자.

단계별로 시민성 감수성 교육 프로그램 만들기

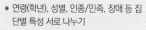

- 혐오, 차별, 폭력 등 고통과 피해의 심각성

- 연령(학년), 성별, 인종/민족, 장애 등 집단별 특성 서로 나누기
- 새로운 사회와 몸 그리고 함께 함 상상하고 실천하기(지속가능사회)
- 평등, 정의 그리고 상호존중

행위(Practice)	정체성(Identity)	관계(Relationship)
누구인지를 알 권리	자기 정의	개인적 관계에서 성적 실천에 대한 동의 (자기성찰/욕망/임파워링)
기쁨을 누릴 권리	자기 표현	파트너(연대체)를 자유롭게 선택할 권리 (관계/위험에 대한 교육)
함께 할 권리	자기 실천	사회적 관계를 공통화하여 사회적 주체로 인식할 수 있는 권리(권력감수성 구조 분석/연대)

토론 2 — 권력자가 동료나 부하에게 성희롱하는 것을 보거나 알았을 때 '나'는 무엇을 어떻게 할 수 있을까? 다음의 조력자 메뉴(A menu of bystander interventions)[102]를 살펴보며 '내'가 누구와 어떻게 조력할 수 있을지 토론해 보자.

1. 지지하라(support). 말하는 자를 지지하려면 그들이 어떠한지를 묻는다.
2. 대리하라(delegation). 신고인, 피해자 대신으로 관여하고 그/그녀를 대표한다.
3. 거리 두기(distance). 피해자가 어떤지 돌보는 것과 마찬가지로 안전하다면 행위자에게도 이후 무슨 일이 있어났는지 관심을 표현하면서 접촉한다.
4. 기록하라(document). 조직 내의 행위나 문화를 모니터링하여 기록한다.

해 소통과 인정을 위한 방안은 무엇인지, 특히 관계·정체성·행위를 위해 서로 어떻게 해야 하는지를 성찰적 토의를 통해 만들어 갈 수 있다. 필자의 다른 졸저, 『문어 연애: 위험과 쾌락 사이』(가제)에서 다양한 사례를 통해 설명할 예정이다.

[102]   UN WOMEN(2019) 사이트 참고

5. 관심을 끌어내라(distraction). 다른 사람의 관심을 끌기 위해 행동하거나
   말한다. 많은 사람들에게 사건을 분산, 전파시킨다.
6. 직접 개입하라(direct interventions). 어렵겠지만 행위자에게 짧고 명확하
   게 '당신이 한 일로 인해 불편합니다'와 같은 언행을 포함하여 행위자와 직
   면하고 행위자에게 불복종을 표현하라.

토론 3 — 다음은 유엔 여성기구(2019)가 소개한 성희롱 방지를 위한 6가지 행동
(WHAT TO DO? SIX ACTIONS)이다. 각자의 조직에 어떻게 적용할 수 있을지
조직의 특성에 맞게 새롭게 만들어 보자. 6가지 행동은 9가지로 확대할 수도, 5가
지로 함축할 수도 있다. 이러한 작업은 조직의 특성을 정돈하고, 구성원들의 장단
점을 발견하여 새로운 변화를 촉구할 수 있다.(UN WOMEN(2019), 사이트 참고)

1. **리더십과 의지를 전달하라.**
   성희롱이 없는 조직을 만들어야 한다는 것은 누구나 알고 있다. 이러한 의
   식은 최고 관리자로부터 출발해야 한다. 권력이 없는 사람에 의해 리더십
   이 새롭게 운영될 수 있다는 것을 확인한다.
2. **무관용 원칙을 실천하고 이해하라.**
   비전과 실천으로서 무관용을 배운다.
3. **피해자 관점을 깊이 이해하라.**
   성희롱의 발생, 은폐, 지속 등에 대해 가장 잘 아는 사람은 피해자(victim-
   survivors)이다. 성희롱 근절은 소통, 정책, 절차, 또 다른 개입 등을 포함
   해 피해자와 조력자가 중심이라는 것을 명심한다.
4. **훈련을 계속 발전시켜라.**
   훈련이란 금지·정책·절차(3Ps: prohibition, policy, procedures)가 아니라
   조직 내 존재하는 공유된 규범과 기대로부터 새롭게 이동하여 시작한다.
5. **집합적 주인의식을 촉진시키고 실천하라.**
   문화 변화를 위한 집합적 주인의식은 성희롱을 목격하거나 인식하는 자를
   지지하거나 지지할 수 있는 것에서부터 출발할 수 있다.
6. **조직 투명성를 견지하라.**
   조직은 각 사례의 결과를 소통하는 방법을 발전시켜야 한다. 절차 공개의
   투명성, 정책 적용의 투명성, 교육 제도 또는 회사 운영에 대한 피드백이
   필요요다. 이름이 공개될 필요는 없다.

이제는 말할 수 있다

오늘은 정말 끝내야 한다. 남은 과제는 다음으로 미룬다. 마무리하려고 할 때마다 새로운 사건이 등장한다. 최근 부산지법의 영장실질검사에서 밝힌 오○○ 시장의 발언이 필자를 괴롭히고 있다. 혐의를 인정하지만 기억나지 않는단다. 그렇다면 혐의를 인정하는 그 기억은 무엇일까? 또 기억나지 않는, 그 기억은 무엇일까? 법과 사회 정의가 오○○ 시장을 엄격하게 단죄하겠지만 진화하는 그 상상력에 그저 놀랄 뿐이다.

마무리를 못하는 이유는 또 있다. 초고를 읽어본 지인들이 '사이다'처럼 화끈하거나 선명하지 않다고 아쉬워했다. 피해자 편이든 가해자 편이든 분명하게 한 편에 서라고 강권했다. 당연하게도 필자는 피해자 편이다. 그런데 왜 필자의 글이 피해자 편으로 읽히지 않았을까? 이는 (공개하기 어려운) '사람'으로서의 피해자와 (공개해야 하는) '구조'로서의 피해를 구분하며 피해자와 피해신고인을 구분하기 때문이다.

필자는 여전히 피해자 관점에서 진술을 듣고 사건처리를 위해 고민한다. 단 신고인이 억울하지만 순수하지 않을 수 있음을 염두에 둔다. 물론 그 진술이 신고인의 입장에서는 거짓이라고 생각하지 않는다. 단, 신고 동기 및 내용 등 그 상황을 섬세하게 듣는다. 이러한 '거리 두기'가 피해자 관점이 아니라고 생각하는 것일까? 그래서 피해가 무엇인지, '해害'를 만드는 구조가 어떠한 것인지 상세하게 밝혀지기를 원한다.

피해신고인의 고통이 성희롱으로만 명명되는 것에 다시 생각하기를 권한다. 그래야 정치적으로 성희롱이 '설계'되는 것을 막을 수 있다. 또 성희롱이 아니더라도 다양한 고통의 목소리가 드러나야 이 사회의 첨예한 모순들이 설명되고 근본적으로 '해害'를 만드는 구조가 변화될 수 있다. 피해자 관점에서 피해자를 지원하는 조력자의 근본적인 목표와 방법이 필요한 때이다.

필자는 비밀이라고 여겨지는 성희롱이 왜 비밀인지, 다양한 의견을 듣고 있다. 새로운 변화를 위해 책 제목처럼 성희롱은 '비밀'이 아니라는 것에 한 표를 던진다. 성희롱은 공적인 사건이며 사회적 고통이다. 이처럼 공적인, 비밀이 아닌 사건을 비밀이라 하니 누가 자세하게 말할 것인가? 비밀이다 보니 언제나 그 현상만 몰래 궁금해할 뿐이다.

그러다 보니 행위자들 역시 그날의 상황이 기억나지 않는다고 당당히 말할 수 있다. 물론 사회적 고통과 별개로 개인적 고통을 호소하는 성희롱 피해자는 인권을 가진 '사람'으로 보호 받아야 하며 조력자는 피해자의 뜻을 존중해야 한다.

이러한 의미에서 필자는 '비밀이 아닌' 해임 과정의 배움을 나누며 이 책을 마무리한다. 결국 이 책을 쓰게 한 힘도 해임 사건이었다. 앞으로 성희롱 처리를 어떻게 해야 할지 많은 생각거리가 있다. 피해, 피해자 관점, 비밀, 매뉴얼, 조력자의 역할, 사업주의 책임 등 성희롱 관련 온갖 쟁점이 갈수록 명료해지며 현실을 깨닫는 그간의 시간을 진솔하게 나누고 싶다.

물론 관련 기관의 다양한 견해 차이가 있을 수 있지만 전문가로서 여전히 서운하고 아쉽다. 필자 관련 일이어서 더욱 속상하다. 해임에 거리 두기를 하며 생각하고 또 생각해도 여성가족부의 처리 과정이 폭력적이었다는 생각이 여전히 든다. 물론 성희롱 처리 과정의 어려움, 이렇게까지 해서라도 성희롱을 방지해야 하는 현실을 알지만 말이다. 오죽했으면 필자의 해임이 모든 사업주의 성희롱 방지 책임을 위한 경각심의 이정표가 되면 좋겠다고 할까.

1993년 발생했던 서울대 신 교수 성희롱 사건은, 대법원 판결에서 국가나 사업주의 책임을 묻지 않았다. 그런데 2019년 필자는 행위자도 아닌데도 책임을 지게 되었다. 이것은 놀랄 만한, 그리고 진일보한 변화이다. 기관장으로서 피해신고인 관점에서 가능한 조치를 했다 할지라도 피해가 입증되지 않아 고통스럽다면 직원이 처리한 것이라도 사업주에게 성희롱 신고 사건의 책임을 물었다. 그렇다면 사업주 책임을 적극적으로 물어 최고 수준의 징계인 해임까지 한 실례를 정책사례로 사용하면 좋겠다.

여성가족부는 내부 홍보지침이나 국회 질의답변국회여성가족위, 2019.3.29.에서 '많은 사람의 조언을 듣고 산하기관이라 성희롱 신고사건을 더 엄격하게 조치했다'고 밝혔다. 그렇다면 해당 조언과 조치과정을 세상에 밝혀야 한다. 필자가 법령 위반을 했다고 여성신문2019.2.20.에서 인터뷰한 담당 국장도 그 위반 법령이 무엇인지를 알려야 한다. 성희롱이 신고된 기관의 사업주 책임 여부 조사를 여성가족부로부터 의뢰받은 서울지방고용청 담당자조차 '조사도 받기 전에 해임되었다는 사실'에 놀라며 해임 여부를 재차 확인했다.

그러나 필자는 여전히 걱정이다. 사업주 책임이 어디까지

인지, 그래서 어떻게 책임져야 하는지 논쟁에 부치고 싶다. 성희롱 발생이 확인되지 않아 직원 피해를 최소화하며 신고인을 보호하기 위해 노력한 기관장사업주을 명확한 조사나 절차 없이 강한 엄벌주의로 제재한다면 모든 사업주는 성희롱 신고를 금지하기 위해 모든 방법을 다 동원해 성희롱 사건을 은폐할 것이기 때문이다. 이렇게 되면 기관은 사건을 적극적으로 해결하려는 노력을 하지 않을 수 있다. 비전문가로서 방관 등의 무능이 해임보다 낫기 때문이다. 아니면 성희롱 신고 즉시 행위자 처벌이라는 강경책을 쓸 수도 있다.

이제 1년이 지났다. 어느 날은 그날의 그 사건이 어제처럼, 어느 날은 먼 과거처럼 느껴진다. 성희롱 방지 전문가로서 느낀 이 참담함이 새 살로 돋아나기를 바란다. 그리고 필자를 믿고 질의해 준 바른미래당 신용현 의원님, 김삼화 의원님께 이 자리를 빌어 감사의 마음을 전한다.

사족: 일 년이나 지난 지금, 어렵게 이 글을 끝낼 수 있는 힘은, 필자의 전 직장 한국여성인권진흥원이 개정된 양성평등기본법에 의해 특수법인이 되었으며 사건의 진실을 알고 있는 직원

들이 모두 정규직으로 전환되었기에 가능해진 그들의 양심과 인권의 원칙에 있다. 그럼에도 기관 내 성희롱 신고 사건을 깔끔하게 처리하지 못해 피해자들에게 미안하고 또 갑작스런 해임으로 직원들에게 제대로 인사도 못하고 나와 여전히 안타깝다. 그래도 그녀들과의 즐거웠던 시간을 믿는다. 고맙다.

물론 이제는 당당하게 말할 수 있다. 지금에서야 말할 준비가 되었다.

국가인권위원회(2019), 『성희롱 시정권고 사례집』, 제8집 2019.

권김현영(2018), 정희진 편, "2차 가해와 피해자중심주의의 문제", 『가해와 피해의 페미니즘』, 교양인.

김보화, "부추겨지는 성폭력 역고소와 가해자 연대", 『여성학논집』, 제35집 2호, 113-153쪽.

김수아, "남성 중심 온라인 공간의 미투 운동에 관한 담론 분석", 『여성학논집』, 제35집 2호, 3-35쪽.

김은실 외(2018), 『더 나은 논쟁을 할 권리』, 휴머니스트.

김신현경·김주희·박차민정(2019), 『페미니스트 타임워프』, 반비.

김진(2019), "성희롱 규제 20년: 법제 발전과 주요판결례를 중심으로", 〈성희롱 규제 20년, 현재와 미래〉, 국가인권위원회·한국젠더법학회 추계공동학술대회, 한국여성정책연구원 제25차 젠더와 입법 포럼.

너스바움, 마사(2015), 조계원 역, 『혐오와 수치심-인간다움을 파괴하는 감정들』, 민음사.

두건·리사(2018), 한우리·홍보람 역, 『평등의 몰락』, 현실문화.

Rothberg, Michael(2019), 『THE IMPLICATED SUBJECT-beyond victims and perpetrators』, stanford university press.

루인(2019), 정희진 편, "젠더개념과 젠더폭력", 『미투의 정치학』, 교양인.

미미 마리누치(2018), 권유경·김은주 역, 『페미니즘을 퀴어링!』, 봄알람.

박선영(2019), "성희롱 규제의 변화가능성 모색: 정의, 제3자 신고제도를 중심으로", 〈성희롱 규제 20년, 현재와 미래〉, 국가인권위원회·한국젠더법학회 추계공동학술대회, 한국여성정책연구원 제25차 젠더와 입법 포럼

박경신(2018), "미투운동이 극복해야 할 피해자중심주의", 『문학동네』 2018, 여름 중권 9호, 〈노동자 연대〉 wspaper.org 2019.1.4. 재인용.

변혜정(2004), "성폭력 개념에 대한 비판적 성찰: 반성폭력운동단체의 성정치학을 중심으로", 『한국여성학』, 제20권 2호.

_____(2008), "성희롱 판단 기준 딜레마-성희롱 법적 판단기준과 피해의미의 딜
레마: 법/경험의 틈새를 성찰하는 '피해자 관점'을 중심으로", 『한국여성학』,
제24권 3호.

_____(2019), "성폭력(성희롱)실태 조사 시의 연구윤리 쟁점들-데이터 귀속과 사
용을 중심으로", 한국여성학회 2019.6.15. 발표문.

브라이슨, 수잔(2003), 여성주의 번역모임 '고픈' 역, 『이야기해 그리고 다시 살아나』,
인향출판사.

영, 앨런(2002), 안종설 역, "고통과 외상성 기억의 근원", 『사회적 고통』, 그린비.

이미경 외, 『성폭력 뒤집기-한국 성폭력상담소 20년의 회고와 전망』, 이매진.

임지현(2019), 『기억전쟁-가해자는 어떻게 희생자가 되었는가』, 휴머니스트.

장다혜(2018), "형법상 성폭력법체계의 개선방향: 성적 자기결정권 의미구성을
중심으로", 『여성학논집』, 제35집 2호, 37-86쪽.

정희진(2018), "피해자 정체성의 정치와 페미니즘", 『가해와 피해의 페미니즘』,
교양인.

_____(2019), "여성에 대한 폭력과 미투 운동", 『미투의 정치학』, 교양인.

주디스 허먼(2012), 최현정 역, 『트라우마: 가정폭력에서 정치적 테러까지』, 열린책들.

리하르트 폰크라프트에빙(2020), 홍문우 역, 『광기와 성』, 파랑북

여성가족부 www.mogef.go.kr
한국여성인권진흥원 www.stop.or.kr
유엔여성 www.unwomen.org